LES

COURTISANES DU MONDE

Troisième et dernière série des

GRANDES DAMES

ARSÈNE HOUSSAYE

LES GRANDES DAMES
MONSIEUR DON JUAN. — MADAME VÉNUS. — LES PÉCHERESSES BLONDES
UNE TRAGÉDIE A EMS

LES PARISIENNES
LA FEMME QUI FRAPPE. — MADEMOISELLE PHRYNÉ. — LES FEMMES ADULTÈRES
LES FEMMES DÉCHUES.

10e édition. — 8 vol in-8 cavalier, avec portraits et gravures, 40 fr.

HISTOIRE DU 41e FAUTEUIL DE L'ACADÉMIE
DEPUIS MOLIÈRE JUSQU'A BÉRANGER

7e éd. — Portraits. — 1 vol. in-8 cavalier

MADEMOISELLE DE LA VALLIÈRE
ÉTUDES HISTORIQUES SUR LA COUR DE LOUIS XIV

5e éd. — Portraits. — 1 vol. in-8 cavalier

LE ROI VOLTAIRE
5e éd. — Gravures. — 1 vol. in-8 cavalier

HISTOIRE DE L'ART FRANÇAIS AU XVIIIe SIÈCLE
Nouvelle édition. — 1 vol. in-8 cavalier. — Portraits

VOYAGE A MA FENÊTRE
1 vol. in-8 cavalier. — 5e édition. — Gravure de Johannot

NOTRE-DAME DE THERMIDOR
Nouvelle édition. — 1 vol. in-8 cavalier. — Portraits

HISTOIRE DE LÉONARD DE VINCI
1 vol. in-8. — Portraits

MADEMOISELLE CLÉOPATRE
8e éd. — 1 vol. grand in-8

PRINCESSES DE COMÉDIE ET DÉESSES D'OPÉRA
1 vol. in-8 cavalier. — 10e éd. — Gravures de Flameng

LE ROMAN DE LA DUCHESSE
7e éd. — 1 vol. in-18

HISTOIRE DES PEINTRES FLAMANDS
1 vol. in-folio, illustré de 100 magnifiques gravures

POÉSIES COMPLÈTES
8e édition. — 1 volume in-8. — Gravures

PARIS. — TYP. ALCAN-LÉVY, 61, RUE LAFAYETTE.

ARSÈNE HOUSSAYE

LES COURTISANES DU MONDE

IV

COMMENT FINISSENT LES PASSIONS

PARIS

E. DENTU, LIBRAIRE-ÉDITEUR

PALAIS-ROYAL, 17 ET 19, GALERIE D'ORLÉANS

MDCCCLXX

Tous droits réservés

LIVRE I

LE CHATEAU DE PARISIS

Dans la création, il y a dix choses plus fortes les unes que les autres :
 Les montagnes ;
 Le fer qui les aplanit ;
 Le feu qui fond le fer ;
 L'eau qui éteint le feu ;
 Les nuages qui absorbent l'eau ;
 Le vent qui chasse les nuages ;
 L'homme qui brave le vent ;
 L'ivresse qui étourdit l'homme ;
 Le sommeil qui dissipe l'ivresse ;
 Le chagrin qui détruit le sommeil.
MAHOMET.

Mahomet n'a pas parlé de la mort qui tue le chagrin.

Ce qu'on appelle la raison humaine est tout simplement une marâtre qui supprime en nous tous les mouvements divins. Au nom de la loi, au nom du devoir, au nom des préjugés, au nom des bienséances, elle nous courbe sous son joug et nous fait passer sous son niveau. Nous lui obéissons sans même regarder nos blessures toutes saignantes.

⁂

Il fallut que Louis XIV aimât Montespan, pour comprendre toute la suavité de La Vallière: l'ange vue par le démon.

***

Les grandes passions marquent la grandeur d'âme.

***

L'on n'aime bien qu'une seule fois : c'est la première. Les amours qui suivent sont moins involontaires. L'amour qui naît subitement est le plus long à guérir. L'amour qui croît peu à peu et par degrés ressemble trop à l'amitié pour être une passion violente. Celui qui aime assez pour vouloir aimer un million de fois plus qu'il ne fait, ne cède en amour qu'à celui qui aime plus qu'il ne voudrait. Si j'accorde que, dans la violence d'une grande passion, on peut aimer quelqu'un plus que soi-même, à qui ferai-je plus de plaisir, ou à ceux qui aiment, ou à ceux qui sont aimés?

La Bruyère.

L'amour brave la mort en deçà du tombeau.

***

Quand on aime on doute souvent de ce qu'on croit le plus.

La Rochefoucauld.

On espère toujours même en désespérant.

Molière.

I

Le revenant

IOLETTE arriva donc, le désespoir dans l'âme, au château de Parisis.

Elle ne fut pas peu surprise de trouver Antonia à Parisis. Elle se jeta dans ses bras et s'écria :

— Dieu soit loué !

Il lui sembla que c'était d'un bon augure et que le château n'était pas maudit.

— Pourquoi es-tu venue ici, ma chère petite Antonia? lui demanda-t-elle en la couvrant de baisers.

— Parce que je mourais à Paris sans vous, parce que je savais que vous viendriez à Parisis, parce que j'ai peur de devenir tout à fait folle. Il m'a semblé que l'air des grands bois apaiserait mon sang.

Et, après un silence, Antonia murmura :

— Et puis, pourquoi ne pas vous confier cela tout de suite : telle que vous me voyez, on m'a demandée en mariage.

— Toi ! dit Violette en la regardant bien.

Jusque-là, Violette n'avait vu en Antonia que cette petite Cendrillon qui avait été comme le génie de son foyer et du foyer de la duchesse de Montefalcone. Elle s'aperçut, en effet, que ce n'était plus une adolescente. Depuis un an, il y avait en elle une vraie métamorphose : la jeune fille avait percé sous l'enfant. Les gamineries s'étaient changées, non pas en coquetteries, mais en douceurs ondoyantes. Antonia était devenue femme à son insu.

Il fut décidé que la chanoinesse, qui devait ne rester que deux jours à Parisis, retournerait à Paris avec Antonia. Violette conjura son amie de ne la laisser marier que si elle reconnaissait un vrai mari. Elle n'aimait pas seulement Antonia d'une vive amitié : Antonia était le souvenir vivant de sa chère duchesse de Montefalcone. Ce mariage lui faisait peur, mais, après tout, c'était peut-être un refuge pour cette pauvre raison en péril. Et puis, si Antonia le voulait, c'est que sa destinée parlait.

Deux jours furent bientôt passés. Les trois femmes étaient malades par le voyage et par les émotions. On ne sortit pas du château, à peine si on alla jusqu'à l'étang pour émietter du pain aux cygnes.

Violette avait toujours les yeux sur la grande avenue, comme si elle dût y voir arriver Parisis.

Quand vint l'heure du départ pour madame de La Chanterie et Antonia, elle leur recommanda de lui envoyer Bérangère, si elle était à Paris. (Elle ne se doutait pas que Bérangère se fût mise en route avec son mari pour la retrouver à Ems.) Elle recommanda surtout de questionner Monjoyeux, Villeroy et d'Ayguesvives, comme s'ils dussent avoir des nouvelles d'Octave.

Violette se retrouva donc seule au château de Parisis, plus inquiète et plus fiévreuse que jamais. Elle imagina d'envoyer des dépêches télégraphiques à tous les hôtels célèbres de Paris et de l'étranger, avec ces simples mots :

A Monsieur le duc de Parisis,

Je vous attends au château de Parisis.

Violette.

M. Rossignol, qui fut chargé de porter toutes ces dépêches à Tonnerre, lui représenta vainement que c'était de la folie. Il voulut lui faire comprendre que, puisque M. de Parisis n'était pas revenu jusque-là, s'il vivait, c'est qu'il n'avait pas l'intention de revenir.

L'intendant n'était d'ailleurs pas bien tranquille : quoique Octave ne fût pas un mathématicien bien féroce contre ses gens, on n'aime pas que les morts reviennent quand on a fait leurs comptes.

Les dépêches furent envoyées, mais elles

étaient inutiles, car le jour même le duc de Parisis vint frapper à sa porte.

C'était le soir, par un radieux soleil couchant. Violette interrogeait des yeux quelques nuages épars, quelques arbres chers, les cygnes de l'étang, tous ces amis de l'âme, toutes ces expressions de la nature qui répondent aux battements du cœur.

Elle arrivait près de la petite fontaine où elle était apparue à Hyacinthe, quand, tout à coup une voix traversa l'espace.

Elle se retourna.

C'était Octave qui descendait le perron et qui lui tendait les bras.

II

Le miracle du cœur

Il n'y avait pas à en douter : c'était le duc de Parisis.

Pour Violette, c'était encore une apparition. Était-elle bien éveillée ? Ne devenait-elle pas folle après tant de visions ?

Aussi son premier mouvement fut de se cacher la tête dans les mains.

— Octave ! Octave ! dit-elle.

— Eh bien ! oui, c'est moi, dit Octave.

Cette voix résonna dans les profondeurs de l'âme de Violette comme un écho de toute sa vie.

Le duc de Parisis s'était encore avancé vers elle ; mais, le sentant venir à elle, elle recula avec épouvante comme une coupable devant son juge. La pauvre fille ne songeait pas à lui faire un seul reproche, à lui qui n'avait eu ni la religion de l'amour ni la religion du souvenir; mais elle ne pouvait se pardonner de l'avoir oublié dans les bras de lord Sommerson comme une femme perdue, ni même de s'être prise à une fantaisie toute platonique pour le duc de Santa-Cruz.

Elle croyait que ces deux figures devaient à jamais la séparer de son cousin.

— Non! non! lui cria-t-elle, ne venez pas jusqu'à moi!

Elle sanglotait.

— Je devrais être la plus heureuse des femmes, mais me voilà pour jamais la plus malheureuse.

— Ma chère Violette, vous devenez folle.

Octave avançait toujours; elle se rejeta derrière un oranger.

— Octave! Octave! je vous dirai tout; vous me maudirez, mais cette fois j'aurai le courage d'aller me cacher aux Filles repenties, pour n'en jamais sortir.

Le duc de Parisis s'arrêta court.

— Parlez, Violette ! je vous écoute.

C'était un jeu cruel, car pourquoi lui infliger cette horrible confession ?

— Je vous dirai tout, reprit-elle en baissant la tête. Que vous fussiez mort ou vivant, ne devais-je pas vivre religieusement dans votre amour, puisque je vous avais dit que c'était l'amour de toute ma vie ? Eh bien ! je vous ai trahi, je me suis trahie moi-même.

Octave, souriant jusque-là, était devenu grave et triste. Violette continua :

— J'ai cru qu'un amour nouveau me ferait oublier toutes les angoisses, que dis-je ! toutes les délices d'un amour ancien. Le duc de Santa-Cruz...

— Chut ! interrompit Octave, je sais l'histoire. Est-ce tout ?

— Non, vous ne la savez pas. Vous vous imaginez peut-être que j'ai été sa maîtresse. Non ! Et vous croyez à ma parole. Mais un homme est venu de Londres, qui vous connaissait bien, — un de vos pareils, — il jouait le même jeu que vous ; il avait un charme fatal qui me donnait l'ivresse, le vertige, le désespoir. C'était lord Sommerson. Celui-là...

Violette ne trouvait plus sa voix.

— Celui-là a été mon amant, reprit-elle en détournant la tête.

Il se fit un grand silence.

— Vous comprenez pourquoi je ne veux plus jamais me montrer à Octave de Parisis.

Cette fois Octave s'élança sur Violette toute pâle et toute défaillante ; il la prit dans ses bras, il l'appuya sur son cœur, il la dévora de baisers, tout en lui criant :

— Quoi ! tu n'as pas reconnu que le marquis de Sommerson était le duc de Parisis?

III

Le phaéton et la victoria

Quoique déjà depuis plusieurs jours, il ne fût plus douteux pour Violette que le duc de Parisis était vivant, elle le regardait un peu comme s'il revenait de l'autre monde.

Il lui fit remarquer que, puisqu'elle avait joué elle-même la comédie de la mort, elle aurait dû se familiariser plus vite à sa résurrection ; mais l'éternelle rêveuse ne pouvait croire la réalité.

Et puis, quoique celui qu'elle avait le plus aimé fût là devant elle et lui touchant la main, elle se sentait encore si loin de lui ! Elle ne savait pas que la Femme de Neige était morte ;

puisque Octave vivait, sans doute l'étrangère de la Roche-l'Épine était une de ses maîtresses ; combien d'autres il avait aimées sous sa figure ou sous celle de lord Sommerson ! Toutes ses rivales se jetaient entre elle et lui : que serait Violette dans la vie nouvelle de Parisis ? Une femme comme les autres, une femme qu'il avait aimée ; mais il ne se retournait pas en arrière dans sa soif de conquêtes.

Octave et Violette avaient marché dans le parc. En une seule promenade d'un quart d'heure, il rassura cette pauvre âme inquiète. Il lui dit que, de toutes les femmes qu'il eût aimées, elle était celle qui avait marqué plus vivement son souvenir. Il reparla de Geneviève, de madame d'Entraygues, de madame de Fontaneilles : trois mortes. Elle seule était vivante.

— Et la Femme de Neige ? dit Violette, sans oser regarder son cousin en face.

— Morte aussi ! répondit Octave.

Il raconta à Violette la fin de madame de Thorshawen, il lui rappela même la parole singulière qu'elle avait dite en mourant : « Prenez garde à Violette !

La voix d'Octave était si émue que Violette se sentit touchée au fond du cœur. Elle voulut savoir les détails de cette autre passion si romanesque. Parisis, qui avait encore l'âme toute à cette histoire, la raconta simplement, en combattant cette idée qu'il avait pu être fatal à la Femme de Neige.

— A Ems, quand elle est venue à moi, dit-il, elle était atteinte mortellement.

Mais Violette lui rappela qu'à sa première apparition à Paris, elle n'était pas malade.

— Tu as peur de moi ?

— Moi! puisque je veux mourir pour vous.

Violette questionna Octave sur ses voyages, sur ses poignards d'or, sur *l'hôtel du Plaisir-Mesdames:*

— Dites-moi tout, Octave : je veux vivre de votre vie que je ne connais pas.

Parisis lui conta tout en quelques mots.

— Et vous ne veniez pas me dire que vous viviez !

— Je ne savais pas si tu vivais toi-même. Et puis ma vie nouvelle appartenait à madame de Thorshawen.

— Et à d'autres.

— A elle seule : elle m'avait arraché à la mort, je voulais l'empêcher de mourir.

— Pourquoi cette cruauté de m'avoir séduite encore une fois ?

— Cette cruauté c'était de l'amour. Alors j'ai voulu tomber à tes pieds et dire : « Je suis Parisis. » Mais je ne pouvais pas encore vivre pour toi.

On était revenu au perron, Violette dit à Octave en souriant :

— Je ne suis déjà plus chez moi. Ce n'était vraiment pas la peine d'être mise en possession du château et de l'hôtel de Parisis, car vous savez que je suis votre héritière.

— Oui, aussi sérieusement que j'ai été le vôtre quand vous avez envoyé à Geneviève votre extrait mortuaire.

— Et comment allons-nous arranger cela ?

— Prenons garde aux hommes de loi ! Si vous voulez, nous jugerons sans appel que ceci est à vous et que ceci est à moi.

Octave embrassa Violette.

— Rien n'est à moi.

— Tout est à vous. Je suis mort et enterré, mon testament est reconnu.

— Eh bien ! je plaide la nullité de votre testament. Je fais un acte de renonciation. Il me faut si peu de chose pour vivre !

Parisis reprit Violette dans ses bras.

— Il y a un moyen bien simple : vous aurez l'hôtel de Parisis et moi le château de Parisis.

Elle n'osait pas comprendre.

— C'est cela, dit-elle comme si ce fût un jeu. Quand je serai d'un côté, vous serez de l'autre.

— Oui, quand vous serez ici, je serai là-bas, et quand vous serez là-bas, je serai ici. Tout sera en commun.

Et comme il n'était pas encore devenu sérieux :

— Il nous arrivera de nous tromper de porte.

Violette voyait alors se dessiner au loin, par-dessus les bois, un des clochetons de la Roche-l'Épine.

Elle leva le doigt vers cette montagne lointaine.

— Et que dirait cette belle étrangère qui vous attend là-bas ?

Parisis sourit mélancoliquement :

— Ah! oui, dit-il, ma locataire. Que voulez-vous qu'elle dise ?

Violette regardait Parisis, elle n'osa pas le questionner.

M. Rossignol s'annonça d'ailleurs à propos. Octave lui fit signe de l'attendre pour dire encore quelques mots à Violette.

— J'espère bien, ma cousine, que vous allez m'inviter à dîner ?

— C'est vous qui m'inviterez à dîner, après quoi vous me conduirez à mi-chemin de Pernand, où j'irai coucher ce soir.

— Que votre volonté soit faite, ma chère Violette. Je ne me suis décidé à venir ici que pour vous voir. J'ai appris avec chagrin qu'on sait que je ne suis pas mort; je ne voulais plus vivre que sous la figure du marquis de Sommerson. Mais pourtant j'en avais assez de jouer un rôle au lieu de vivre tout naturellement. Je ne sais pas encore d'ailleurs à quel parti me résoudre, j'aurai bien de la peine à rester ici. Et pourtant je m'y sens déjà bien, parce que je vous y trouve, et parce que l'âme de Geneviève remplit tout ce château. Que m'importe le reste du monde! L'étrange vie que j'ai menée a bronzé mon cœur.

Il y avait déjà grande rumeur au château et dans le village de Parisis. On parlait de la résurrection d'Octave. Était-ce possible qu'il fût là celui dont on avait tant pleuré la mort! Les paysans disaient tout haut que le duc de Parisis n'avait jamais fait les choses comme les autres. Déjà, quelques années auparavant, on avait répandu le bruit qu'il était mort en Chine. Il était revenu sans trop surprendre ces braves paysans, qui croient volontiers que tout est permis aux gens riches.

Octave laissa Violette seule pour aller à M. Rossignol, qui lui fit les plus hautes démonstrations d'amitié. Il lui dit, selon sa coutume, qu'il n'avait pas d'argent comptant, car le duc de Parisis lui en demandait en tout état de cause, toutefois, après s'être informé avec beaucoup de sollicitude de la précieuse santé de M. Rossignol.

Ce jour-là Octave parut quelque peu contrarié de ne pas trouver un sou vaillant.

— Je croyais, dit-il gravement, que les morts faisaient des économies.

— Ne m'en parlez pas, dit M. Rossignol, les morts dépensent bien plus que les vivants. Il en coûte cher pour les enterrer, pour faire leur tombeau, pour payer leurs droits de succession.

— Est-ce que l'État ne va pas me rendre ces droits-là ?

— Oh! monsieur le duc, vous avez payé des droits pour mourir, vous payerez des droits pour vivre.

Quoique Parisis ne voulût voir personne, il lui fallut dîner avec le curé de Parisis et le curé de Champauvert, qui étaient accourus comme deux actions de grâces.

Au dessert, comme Parisis s'était quelque peu égayé, il demanda sérieusement quel était celui des deux curés qui l'avait enterré.

Dans ce château, qui était le château du deuil s'il en fut, le château des mélancolies et des désespérances, un grand éclat de rire retentit. On a remarqué depuis longtemps au théâtre que la mort elle-même avait sa gaieté. Regnard ne l'a-t-il pas prouvé par excellence?

Violette, qui ne riait presque jamais, fut emportée comme Octave et comme les deux curés. Il semblait qu'on se vengeât des ténèbres. Ce jour-là, tout à propos, le curé de Champauvert raconta qu'il n'avait plus de fossoyeurs, les siens s'étant battus parce que l'un soutenait à l'autre, qui le niait, qu'en pleine lune, il y avait toujours trop de terre quand on enterrait un mort, tandis qu'après le dernier quartier il n'y en avait pas assez et qu'il fallait en prendre aux fosses voisines.

— Si vous n'avez plus de fossoyeurs, comment ferez-vous ? demanda le duc de Parisis au curé de Champauvert.

Le curé était un philosophe ; il leva sa tasse de café à ses lèvres et en respira l'arome tout en répondant :

— Eh bien ! je ne les enterrerai pas.

On avait attelé deux voitures, un phaéton et une victoria. Octave et Violette montèrent dans la victoria qui devait les conduire à Pernand. Le phaéton suivit pour ramener Octave.

Il avait tombé une petite averse pendant le dîner, l'air s'était rafraîchi, la frileuse Violette se tenait bien près de son cousin.

— Il y a des moments, lui dit-elle, où on voudrait que le voyage durât toujours.

A cet instant, ils étaient heureux. Les souvenirs de deuil ne planaient plus sur eux. L'amour excelle à bâtir sur les tombeaux. La nature ne produit-elle pas ses plus belles fleurs dans les ruines ?

Octave rêveur n'avait pas répondu à ce cri d'expansion de Violette. Quand il l'eut quittée pour s'en revenir à Parisis, il se le rappela.

— Oh oui ! dit-il, elle avait raison, je n'ai jamais été plus heureux que dans cette victoria. Pourquoi deux voitures pour un seul cœur. Sans ce maudit phaéton nous ne nous quitterions pas aujourd'hui.

Il se retourna et envoya de bien loin déjà un baiser à Violette. Baiser perdu, car elle ne se retourna pas pour le recueillir.

Elle se demandait ce qu'elle allait faire toute seule. Son imagination fuyait sur le phaéton pendant que la victoria courait vers Pernand. Octave avait voulu la retenir à Parisis, elle regrettait presque de ne pas y être restée.

— Non, dit-elle tout à coup, s'il m'aime, il viendra me chercher.

IV

La robe de la mariée

Il l'aimait et il vint la chercher.

Dès qu'il se vit seul à Parisis, il comprit qu'il n'était pas né pour les misanthropies de la solitude. Il portait sa blessure au cœur, mais il la portait vaillamment, sans la vouloir mouiller de larmes. Puisqu'il avait pris le courage de vivre après la mort de Geneviève, c'est qu'il acceptait sans reculer toutes les batailles de la vie.

On se familiarise avec tout, même avec la douleur — la douleur, fille du ciel — qui répand des lumières divines sur sa robe à larmes d'argent.

Il avait accompagné pieusement la Femme de Neige, une fois morte, jusqu'à Paris. Elle lui avait dit que, puisque sa sœur, la seule qu'elle aimât, était devenue Française par son mariage, elle voulait elle-même devenir Française par sa mort. Cette pauvre femme, qui avait voulu laver son péché parisien dans les neiges de son pays, disait que l'éternité lui semblerait trop froide là-bas. Balzac était son romancier, Delacroix était son peintre ; elle demanda à être enterrée dans leur voisinage au Père-Lachaise. Le duc de Parisis se soumit à cette volonté, après lui avoir promis un tombeau où il inscrirait ce simple mot : « *Ci-gît qui a vécu.* » C'était elle qui avait voulu cette épitaphe. Elle prouvait ainsi à Octave que son amour lui avait tenu lieu de tout et qu'elle pouvait mourir puisqu'elle avait aimé.

Eh bien, dans ce voyage au Père-Lachaise, quoique Parisis aimât bien tendrement la comtesse de Thorshawen, il ressentit au milieu de sa douleur je ne sais quelle consolation donnée par la mort elle-même. Les tombeaux ont leur poésie.

Ce jour-là, il était allé rêver aussi devant le tombeau de la comtesse d'Entraygues.

Octave n'était pas un rêveur, la vie contemplative ne le prenait qu'à moitié. Son corps robuste se révoltait dans l'esclavage de l'esprit. A cette nature toujours ardente, il fallait toujours l'action. Voilà pourquoi, dès qu'il fut seul à Parisis, il décida qu'il ne pourrait vivre sans Violette, car c'est à Parisis qu'il voulait vivre.

Mais Violette serait-elle sa femme ou sa maîtresse ?

Octave se demanda donc s'il l'épouserait dans la renaissance de son amour pour elle. Mais il se connaissait, mais il savait que l'opinion ne pardonne pas.

Le mariage serait un des sept sacrements si l'Eglise, « dans son infaillibilité », instituait un huitième sacrement, qui serait le divorce.

Je veux bien que le mariage soit une institution divine et humaine ; j'y vois la main de Dieu, j'y vois surtout la main des hommes. Mais le mariage ne peut garder son prestige et sa force que si on le sauvegarde de toutes les hontes qui rejaillissent sur lui. Arrière toutes les épouses coupables! La femme est la vestale du mariage; c'est elle qui en exprime le sentiment divin, c'est elle qui en entretient le feu sacré. Si elle ne défend pas le seuil de sa porte des trahisons visibles ou invisibles, si elle ne veille pas à toute heure avec le glaive de l'archange sur l'honneur de la maison, il n'y a plus de maison, il n'y a plus de femme, il n'y a plus de mariage.

Ceux qui croient que le mari peut absoudre la femme coupable par le pardon, ne comprennent pas la grandeur du mariage. La femme coupable doit être proscrite et précipitée à tout jamais des hauteurs où règnent la vraie épouse et la vraie mère.

Qu'est-ce que le pardon de l'homme? une vaine parole. Que dis-je? une humiliation qui frappe la femme coupable au lieu de la relever.

Dieu seul a pu pardonner à la femme adultère comme il a pardonné à Madeleine, parce que Dieu, sur son passage, a effacé le crime. Mais quoi que fasse l'homme, sa pitié n'est pas la miséricorde. Dieu seul a des sources de grâces pour laver le péché.

Si la femme adultère n'est pas chassée de la maison, la maison appartient à l'ennemi et tombe bientôt en ruine. C'est l'exemple fatal, c'est la maladie épidémique. La femme adultère brave son péché le front haut et donne de l'audace à celle qui n'a pas péché. L'amour coupable ne lui a-t-il pas appris toutes les coquetteries? Elle ne songe plus à être belle pour les siens, elle a abdiqué la beauté des vierges pour la beauté des bacchantes. Il y a des révoltes dans tout ce qui est elle, jusque dans sa chevelure, jusque dans ses robes.

Un galant homme n'a donc qu'une chose à faire quand il est trahi : c'est de chasser la femme de la maison. Il n'y a ni pardon ni repentir qui puissent ramener la dignité, l'amour et le bonheur. La marque du mal sera toujours là, flamboyante pour tous les deux. Que dis-je, pour tout le monde. Il n'y a pas d'illusions à se faire, nul n'oubliera, c'est la loi fatale.

L'Eglise, qui a ses heures de châtiment, a trop souvent ses heures de pardon. Elle ne s'est pas indignée assez haut contre l'indignité de la femme dans le mariage. Elle n'a pas proscrit assez fièrement la pécheresse qui se réfugiait dans le mariage. Toute fille qui a péché ne doit pas trouver cette porte ouverte ; la vertu seule a droit de cité dans cette forteresse du devoir absolu. Il ne faut pas que le mariage soit un refuge de filles repenties ni un couvent de femmes adultères, sinon il n'y a plus de mariage.

Voilà pourquoi tout mari qui pardonne à sa femme, tout amant qui épouse sa maîtresse, sont coupables au même degré du crime de lèse-mariage. Ils ont beau s'imaginer qu'ils s'abritent contre l'opinion, ils s'aperçoivent bientôt que l'opinion ne transige jamais. Peut-être sont-ils dans la voie de Dieu, mais ils ne sont pas dans la voie des hommes. Or ils vivent avec les hommes.

Et quel supplice de tous les instants ! Ils ont beau vouloir oublier, ils sentent bien qu'on n'oublie pas autour d'eux. C'est à qui jettera la première pierre. A moins que l'adultère soit une faute bien cachée comme celle de Bérangère : Monjoyeux n'avait à s'humilier que devant lui-même.

A tout prendre, dans le monde comme il

est, un homme qui vit avec sa maîtresse marche le front haut, si cela lui plaît, tandis que celui qui a épousé sa maîtresse ne peut masquer dans son expression la vague inquiétude de l'opinion publique. Il a peut-être bien fait, mais tout le monde parle mal de lui, parce que les paroles de ce monde ne sont pas paroles d'Evangile.

C'étaient là les idées du duc de Parisis; quoiqu'il se moquât de tout, il avait le préjugé de l'opinion. Il disait que l'opinion entre pour une part dans la bouffée d'air qu'on respire. Il ne voulait donc pas se mettre en guerre avec l'opinion.

— Si j'épousais Violette, se disait-il, elle serait plus heureuse aujourd'hui, mais demain! Le mariage sauvegarde mal l'amour, la peur de le perdre, voilà la vraie sentinelle.

Et pourtant les bonnes gens de sa province ne trouveraient-ils pas quelque peu étrange de le voir vivre avec sa cousine sans avoir été à l'église? On accuserait Violette. Mais elle était si bonne qu'on l'appelait l'ange de la charité. A force de donner aux pauvres, elle obtiendrait quelques indulgences du ciel et de la terre.

Dès sa première visite à Pernand, Octave s'aperçut qu'il lui serait bien difficile de reconquérir Violette comme maîtresse. Elle avait pour lui tout le charme du passé, toutes les tendresses, toutes les effusions ; mais quoiqu'elle ne marchandât pas sa vertu elle s'arrachait de ses bras comme si elle vît l'abîme devant elle. Lui d'ailleurs, qui ne s'arrêtait jamais dans la bataille, ne voulait pas triompher coûte que coûte, tant il avait peur de causer un chagrin à Violette.

Quelques jours se passèrent. Violette ne prononça pas une seule fois le mot mariage, elle-même ne se sentait pas digne des joies sévères de la vertu. Elle subissait, sans colère, la peine de son péché.

Un jour pourtant qu'elle traversait le parc de Champauvert dans une promenade à cheval avec son cousin, elle vit passer une jeune mariée vêtu de blanc et couronnée de fleurs d'oranger.

Deux larmes mouillèrent ses beaux yeux.

Le duc de Parisis, qui sentit le contre-coup, lui dit gaiement :

— Voilà les mœurs de l'âge d'or.

— Oui, murmura Violette, cachant ses larmes par un sourire, cette robe-là est bien mal faite, mais comme je la porterais de bon cœur !

Et elle s'empressa d'ajouter :

— Je n'en ai plus le droit. Worth pourra me faire les plus belles robes du monde, — toutes les modes, toutes les couleurs, toutes les fantaisies, — mais jamais la robe de mariée !

Le soir, quand Violette fut retournée à Pernand, le duc de Parisis se sentit plus profondément amoureux qu'il n'avait été jusque-là.

V

Mademoiselle Chonchon

Le duc de Parisis craignait le bruit. Les petits journaux — qui sont devenus de grands journaux — avaient émietté sa vie pour la jeter en pâture à toutes les curiosités gourmandes de la foule. Mais, après le tapage de la tragédie d'Ems, le silence s'était fait peu à peu sur son nom. Au bout de deux années il n'était plus question de lui, les mœurs parlementaires avaient agité l'opinion qui ne se retournait plus que çà et là vers les aventures galantes des hommes à la mode. Les équipées patriotiques des irréconciliables paraissaient plus amusantes encore que les équipées amoureuses du duc de Parisis. Le vent avait tourné, la girouette de l'esprit humain annonçait l'orage.

Voilà pourquoi nul, hormis ses amis, ne s'inquiéta de la réapparition de Parisis, d'autant qu'il se tint coi dans sa terre. Mais les amis d'Octave parlèrent beaucoup de ce renouveau qui avait entraîné dans la solitude de Parisis Octave et Violette. On se demanda s'il l'épouserait. La chanoinesse dit que ce serait des fiançailles perpétuelles. Monjoyeux, qui avait la terreur du mariage surtout depuis qu'il était marié, dit qu'ils avaient bien raison, Octave et Violette, de se contenter du sacrement du bonheur.

— Combien durera leur bonheur ? demanda Bérangère.

Elle connaissait bien Parisis, parce qu'elle se connaissait bien : c'était la même nature, le même diable au corps, la même soif d'absolu.

— Ils ne seront pas heureux longtemps, reprit-elle, car le duc de Parisis mourra dans l'impénitence finale. Avez-vous jamais vu un homme à femmes qui se soit arrêté en chemin ? Chaque passion, pour Octave, n'est qu'une station de l'amour.

La chanoinesse dit que si cette fois il quittait Violette, Violette ne survivrait pas à cet abandon.

— Tant pis pour elle, s'écria Bérangère, avec un lointain accent de jalousie. Vous savez la légende : L'amour donnera la mort aux Parisis.

— Mais le duc de Parisis ? Comment finira-t-il ? reprit la chanoinesse.

— Le duc de Parisis, murmura tristement Bérangère traduisant à sa manière une idée de Monjoyeux, tant qu'il aura à frapper, il ne mourra pas.

En attendant, Octave, vrai Parisien du boulevard, se laissait reprendre peu à peu à la nature comme au temps où il aimait Geneviève. Les grands arbres et les horizons bleus encadrent plus poétiquement l'amour que les salons les mieux étoffés. On a beau faire peindre un ciel sans nuages sur son plafond, le ciel où vivent les étoiles est plus doux sur le front des rêveurs.

Chaque jour nouveau le plantait plus avant

dans la terre, il semblait qu'il prenait racine comme les arbres, il regardait à ses mains s'il y avait des feuilles. Ce fut alors qu'il écrivit cette lettre à Monjoyeux :

Mon ami,

Pourquoi ne venez-vous pas me voir à Parisis, où je suis devenu plus rustique encore que Courbet. N'est-ce pas que vous ne me croirez pas quand je vous dirai que je suis un paysagiste ? — Des forêts de l'Opéra me répondrez-vous. — Non. Je vous écris sous un sycomore centenaire, en compagnie d'une famille de chats. Le vent enlève mon papier et me chante dans les branches la chanson de la mer. C'est la même symphonie. Quelques guêpes bourdonnent autour de moi. J'entends des points d'orgue : les sifflements du merle et du compère loriot. Tout à l'heure le vent va tomber et le rossignol amoureux, là-bas dans ce bouquet de charmes, va risquer encore son élégie démodée.

J'ai à Parisis des paysages de tous les styles. Si je peignais ou si j'écrivais, je ferais des mi-

racles de couleur et d'effet. Je veux tenter de vous donner le spectacle que j'ai sous les yeux. Je tourne le dos au château, je suis au saut-de-loup du parc. Donc plus de statues, plus de vases, plus d'arbres rares. C'est la nature dans toute sa saveur. Mes vaches sont fort belles : rousses et noires, tachetées de blanc. Elles sont bien chez elles ; quelques-unes s'agenouillent nonchalamment dans l'herbe, quelques autres mugissent pour demander à boire ; celles-ci pâturent, celles-là ruminent. La prairie est encadrée par des arbres variés, chênes en parasol, ormes aux branches fantasques, bouleaux onduleux au tronc d'argent, peupliers gourmands qui veulent escalader le ciel, arbres canailles mais dominateurs, heureusement que quelques italiens rehaussent cette famille mal famée par leurs silhouettes fières et fines. C'est la ligne droite, le rappel au style. Il y a un autre peuplier, celui de Hollande, qui par ses feuilles argentées rehausse le vert vulgaire des autres.

Bien loin, la montagne de la Roche-l'Épine bleuâtre sur le ciel lumineux, se lève majestueusement à l'horizon avec sa vieille tour sur le versant. Elle est toute enveloppée d'une brume diaphane où s'égarent mes yeux, quelques nuages neigeux, tout à l'heure dorés et rougis. J'aurai un beau soleil couchant ou plutôt un beau soleil perdu, pour ne pas contrarier Galilée.

Trop de vent! Il emporte mon papier pour la troisième fois, mais il m'apporte l'odeur des aubépines et des vergers. Aimez-vous les pommiers, les cerisiers, les pêchers, les pruniers, toute la famille des arbres nourriciers? Moi j'en raffole : les fleurs me ravissent et les fruits me charment.

A mes pieds les cigales crient et les fourmis travaillent sans me convaincre. Je ne suis pas pour les greniers d'abondance, je vis du jour et pas du lendemain. Tout un monde s'agite à mes pieds. Les demoiselles au corset d'or m'arrivent des étangs poursuivies par les hirondelles. Les guêpes viennent goûter si mon encre a la petite vertu. Mes chats en jouant agitent les pervenches, les primevères et les violettes.

Le croirez-vous, mon ami? Je pâlis en écrivant ce mot : Pauvre Violette! cher parfum perdu et retrouvé!

Dans la prairie les marguerites et les boutons d'or scintillent dans l'herbe comme des étoiles dans la nuit.

Joli tableau. Voici les paysannes de la ferme qui vont traire les vaches avec leurs seaux de cuivre éclatant. Les bonnes bêtes regardent si c'est bien la même figure et continuent d'un air distrait à mordre à belles dents les touffes d'herbe où le sainfoin montre ça et là sa fleur rose. J'entends le bruit argentin dans les seaux. Aimez-vous le lait? Moi j'en ai horreur depuis que je suis sevré. Et pourtant c'était du bon lait.

Les derniers églantiers s'ouvrent sous mes yeux. Je vais cueillir tout un bouquet pour Violette qui m'appelle. Une femme est toujours inquiète quand on écrit. Pourquoi parler aux autres? N'est-ce pas verser son âme à l'ennemi? J'ai bien peur, mon ami, que ma lettre ne vous arrive qu'avec l'estampille de Violette.

Je vous serre la main;

OCTAVE DE PARISIS.

Violette, en effet, lut la lettre à Monjoyeux.

— Si je mettais l'estampille, dit-elle, je supprimerais l'horizon de la Roche-l'Épine, où il y a une femme qui vous aime.

Octave voulut ne pas comprendre. C'était d'ailleurs la première fois que Violette osait lui parler de son étrange et mystérieuse locataire.

— C'est égal, reprit Violette, je vous embrasse pour le *cher parfum perdu et retrouvé.*

Octave de Parisis, on le sait, était un artiste. Comme toutes les natures d'élite qui ont la pénétration des dieux, il écrivait en prose et en vers avec un tour original — plus d'esprit que de grammaire. — Un jour qu'il se promenait avec Violette, ils rencontrèrent une petite paysanne fort gentille qui gardait à la fois un cochon et une vache.

Ils lui demandèrent son nom.

— Chonchon, répondit-elle.

Elle avait cueilli des fleurs sauvages qu'elle offrit à Violette. Comme Octave la regardait beaucoup, elle se voila la figure de son bras avec une charmante gaucherie.

Le soir il se rappela ce gai tableau, et rima

ces strophes en l'honneur de mademoiselle Chonchon :

 Sa main rouge sur sa hanche,
 Mademoiselle Chonchon,
 Si belle en sa gaieté franche,
 En donnant un coup de branche,
 A sa vache rousse et blanche,
 Se met à califourchon
  Sur Babichon,
   Son cochon,

 Ne rougis pas, front brunâtre
 Que le soleil étoila,
 Un grand pape qui fut pâtre,
 N'en mourut pas pour cela.

 La petite Guillemette,
 La femme à Scarron le gai,
 A Niort, loin de l'Hymette,
 Garda les dindons, morgué !

 Comme elle, tu seras reine ;
 Chacune porte à son tour
 Couronne de souveraine,
 Par la grâce de l'amour.

Le bon Dieu, qui là-haut cache
Sa figure en cheveux blancs,
Pour ton cochon et ta vache
A donné l'herbe et les glands.

Le cochon de saint Antoine,
A son blason sur fond d'or,
Va cueillir un brin d'avoine,
Pour ton cochon qui s'endort.

Que ta brave main régale
Ta vache au flanc tacheté,
Distraite par la cigale,
Violoneuse de l'été.

Sa main rouge sur sa hanche,
Mademoiselle Chonchon,
Si belle en sa gaieté franche,
En donnant un coup de branche,
A sa vache rousse et blanche,
Se met à califourchon
 Sur babichon,
 Son cochon.

Quand Parisis montra sa chanson à Violette, elle eût l'idée de débarbouiller la gardeuse de cochon pour en faire une petite servante. Mais il lui dit : « Prends garde, elle est si heureuse comme ça ! »

V

La symphonie

Violette ne demandait qu'à sourire et à montrer qu'elle avait le cœur content, mais cette pauvre âme délicate se blessait à tous les contacts de la réalité. Elle avait des heures de sombre tristesse où la mort l'attirait comme l'abîme.

Et puis elle avait toujours peur que Parisis ne se sacrifiât à elle.

Un jour qu'elle était venue de bonne heure à Parisis, il lui sembla qu'elle n'était pas attendue.

Parisis, qui se promenait avec ses chiens sous les grandes allées du parc, la rencontra non loin de la fontaine, qui se penchait à un saule. Il alla lui baiser la main.

— Ma chère Violette, lui dit-il, es-tu assez romanesque ! on dirait que tu poses pour la Source de M. Ingres, deuxième édition, revue et embellie.

— Mon cher Octave, répondit-elle sans faire un mouvement, vous ne me parlez que pour vous moquer de moi.

— Tu es folle, monte à cheval et viens me rejoindre au bout du parc.

Le duc de Parisis continua gaiement son chemin.

Violette le regardait avec un sourire amer.

— Il ne se retournera pas une seule fois, dit-elle.

Elle pensa que bientôt son seul plaisir à lui ce serait ses chevaux et ses chiens ; elle pensa que cette nature tout en dehors était trop emprisonnée dans la vie à deux : il lui fallait les secousses, les bouffées, les passions à l'emporte-pièce des aventures parisiennes.

— Je ne suis pas née pour son bonheur, murmura-t-elle.

Pendant que Parisis s'éloignait, Violette rentra au château.

Elle semblait dominée par deux idées contraires : prendre son droit de cité chez Octave ou s'enfuir à tout jamais.

Elle alla se mettre au piano. Sans le vouloir, elle joua les mélodies les plus chères à son cœur, tout ce qui touchait profondément son âme, tout ce qui l'exaltait jusqu'à lui arracher des larmes. Elle chantait peu, mais elle chantait admirablement quelques airs mélancoliques, comme *Plaisir d'amour*. Du reste, elle donnait à tout ce qu'elle chantait je ne sais quoi de sentimental et de touchant. Elle s'attendrit elle-même et elle quitta le piano toute suffoquée par ses soupirs.

— Oh ! que je suis malheureuse, dit-elle en s'approchant de la fenêtre, je pleure et il rit.

Elle entendait Parisis qui chantait, lui aussi, mais c'était une autre chanson, un air d'Offenbach, un cri de gaieté.

— Voilà le concert des deux cœurs, dit-elle.

Et pourtant tout était, ce jour-là, symphonie autour d'elle : jamais la nature n'avait prodigué plus harmonieusement les merveilles d'un jour d'été : les blés dorés ondoyaient comme pour montrer leurs coquelicots et leurs bleuets, les vertes ramures légèrement agitées chantaient les chansons des brises et des oiseaux; dans la prairie bordée de saules, de genêts et de frênes, les marguerites et les boutons d'or étoilaient les herbes odorantes. Le soleil jouait partout, sur le clocher bleu, — montrant du doigt le ciel, — comme dans les vignes lassives. On entendait, çà et là, mugir, beugler, hennir, braire, les vaches, les bœufs, les chevaux et les ânes du troupeau communal.

Ce simple mot dit par une servante du château : — On est heureuse de vivre par un pareil jour! — fit sourire tristement Violette, qui traduisit ainsi cette expression partie du cœur de la Bourguignonne :

— Par un pareil jour, on serait heureuse de mourir.

Quoique ce ne fût pas son habitude de s'attarder dans les rêveries philosophiques, elle ne put s'empêcher de songer que cette fille était bien plus près de Dieu et de la nature qu'elle ne l'était elle-même, puisqu'elle était heureuse de rien : heureuse de respirer l'air vif, heureuse de vivre dans la quiétude que Dieu donne aux pauvres d'esprit.

— Et moi, disait Violette, moi à qui Dieu a donné la beauté, la fortune, l'intelligence et l'amour, je suis triste jusqu'à la mort.

Elle réfléchit profondément.

— Hélas ! reprit-elle, c'est qu'à mon berceau une mauvaise fée est venue, qui a touché de sa baguette maudite tous les dons du ciel. J'aurai beau faire, je ne pourrai vaincre ma destinée.

Violette descendit de plus en plus dans sa tristesse, comme si la mort seule eût un sourire pour elle.

— Non, dit-elle, il ne sera pas dit que j'entraverai une seconde fois la vie d'Octave. C'est bien plus par dévouement que par amour qu'il reste avec moi. J'aurai beau faire, je serai toujours sa prison. Je vais retourner à Paris, sans lui dire où je me cacherai. Je ne lui donnerai rendez-vous qu'au cimetière, — à la fosse commune, — car je ne veux pas qu'on me retrouve, même dans la mort.

Et s'abandonnant à cette nouvelle folie elle retourna à Pernand sans dire adieu à son cousin.

Une fois à Pernand elle prépara tout pour son départ. On n'avait pas dételé le cheval qui l'avait amenée de Parisis, elle comptait bien être à Tonnerre deux heures après.

Heureusement Octave, inquiet de son départ précipité et silencieux de Parisis, était monté à cheval pour venir lui demander pardon s'il l'avait blessée.

Elle lui avoua ce qu'elle voulait faire. Il la gronda bien fort, il lui dit qu'il ne pourrait vivre sans elle.

Elle fut enfin convaincue quand il s'écria :

— Ma chère Violette, vous avez été ma maîtresse, je veux que vous deveniez ma femme.

Larmes de joie dans les embrassements ! Expansion de deux cœurs qui n'en font qu'un ! Violette ne trouvait pas un mot à dire : toute son éloquence était dans ses yeux.

Ce jour-là le mariage fut résolu dans l'esprit d'Octave, quoiqu'il eut peur d'attrister encore l'ombre de Geneviève.

Si ce mariage devait attrister une morte il devait tuer une vivante.

VI

Vierge et martyre

Ce fut un des meilleurs moments de leur vie à tous les deux quoiqu'il y eut toujours des nuages à l'horizon : nuages du passé, nuages de l'avenir. Ils s'aimaient avec tout le renouveau des cœurs ardents.

Violette se laissait vivre avec la plus belle insouciance sans marquer son chemin. Redeviendrait-elle la maîtresse d'Octave ou deviendrait-elle sa femme ? Que lui importait le titre si elle avait l'amour ? Elle aimait trop pour penser à elle sans penser à lui : elle eut été plus fière d'être la duchesse de Parisis, mais il lui semblait que ce serait une humiliation pour lui, lui qu'elle aimait plus qu'elle-même.

Aussi elle était bien près de retomber dans ses bras, se sacrifiant encore, quand un jour qu'elle était allée pour le voir à Parisis, M. Rossignol lui dit indiscrètement que son cousin venait de partir pour La Roche-l'Épine.

— Et que va-t-il faire à La Roche-l'Épine? demanda-t-elle avec inquiétude.

— Sans doute toucher son loyer, répondit M. Rossignol en croyant être fort spirituel.

Violette ne fit pas une seconde question. Elle donna l'ordre à son cocher de la conduire à La Roche-l'Épine. La jalousie avait étreint son cœur, elle ne douta plus qu'elle ne fût trahie.

Pour arriver en voiture à La Roche-l'Épine il faut passer tout un quart d'heure à marcher lentement dans la montagne qui est fort escarpée.

Violette dans son impatience descendit de sa victoria pour suivre le sentier de traverse qui gagne cinq minutes.

Dans ce sentier elle rencontra une ancienne

servante du château de Pernand qui l'avait amusée par ses chansons et ses amoureux, une Bourguignonne pur sang, frappant à coups redoublés qui s'aventurait à lui faire des caresses.

Cette fille poussa un cri de joie.

— Est-ce que vous êtes au service du château? lui demanda Violette.

— Comment donc! c'est moi qui blanchit et repasse le linge fin de la dame.

Quoique Violette crut pouvoir compter sur le dévouement de la Bourguignonne, elle lui donna cinq louis avant de la questionner.

— Expliquez-moi ce que peut faire là cette étrangère?

— Que voulez-vous? elle a pris ce château comme on prend une cellule dans un couvent. Elle ne me dit pas son secret, mais je l'ai deviné. Comme toutes les autres elles est amoureuse de M. le duc de Parisis.

— Est-ce que le duc vient souvent la voir?

— C'est aujourd'hui la quatrième fois.

— Que se disent-ils?

— Ah! ma foi, je n'en sais rien parce qu'ils parlent hébreu.

— Est-ce que mon cousin a l'air de l'aimer beaucoup ?

— Voulez-vous voir cela vous-même ? C'est bien facile. Suivez-moi.

Violette ne voulait pas d'abord suivre cette fille, mais la jalousie la poussa sur ses pas.

Le sentier aboutissait à un petit pavillon qui tenait au corps de logis. C'était le côté de la lingerie.

Après avoir monté un escalier et traversé trois ou quatre grandes pièces désertes on arriva dans une salle de bains à peine séparée par un cabinet de toilette de la chambre à coucher de la mystérieuse châtelaine.

Violette s'était enhardie en cette pérégrination tout en se disant :

— Si on me voit j'annoncerai que je viens faire une visite.

— Vous n'avez rien à craindre, dit la Bourguignonne. Quand monsieur le duc vient personne n'entre, on ne vous troublera donc pas. Vous savez que la jeune dame relève de maladie ; elle a failli mourir ; elle est encore couchée sur un canapé : elle n'ira donc pas à votre rencontre.

La jalousie consent à tout quand elle a les yeux ouverts.

Violette s'avança sur la pointe des pieds jusque dans le petit cabinet de toilette.

— Tout justement, dit la servante, vous pourrez la voir par le trou de la serrure.

Violette regarda. Elle vit Émilie Havoë tout éplorée dans les bras de Parisis.

Violette écouta. On ne parlait pas hébreu comme disait la Bourguignonne, on parlait français. Voici ce qu'elle entendit :

— Non, je ne me consolerai jamais.

— Ma chère Émilie, pourquoi voulez-vous m'aimer, moi qui n'aime plus rien. Vous savez que je porte malheur, je ne suis d'ailleurs plus bon à rien. J'ai choisi moi aussi le château de Parisis pour couvent. N'était la peur du ridicule j'irais avec les Pénitents blancs ou avec les Trappistes.

— Alors, pourquoi m'avoir envoyée ici ? Il fallait me laisser mourir en Norwége.

— Il ne faut jamais laisser mourir une femme, surtout quand c'est une enfant. Vous vouliez mourir en Norwége ou vivre en France : j'ai voulu vous sauver de la mort.

C'est l'amour qui vous sauvera. Moi, vous le savez, je porte malheur.

— Vous me portez malheur parce que vous ne m'aimez pas.

— Je n'aime plus rien et je ne veux plus être aimé. Vous direz bientôt qu'il ne faut pas m'aimer : vous ne savez donc pas tous les romans qui vont s'imprimer dans votre cœur de dix-sept ans.

— Non, il n'y aura qu'un roman, parce qu'il n'y aura qu'un amour. Pourquoi ne m'aimez-vous donc pas, vous qui aimez toutes les femmes?

— Pourquoi ? parce que vous êtes un ange et que je me trouverais indigne de vivre si je vous prenais ainsi dans votre blancheur, moi qui n'ai même plus d'étoffe pour faire un démon. J'ai horreur de ma vie passée ! Je fais pénitence sans en avoir l'air. J'ai pour vous le respect des choses divines, votre beauté m'illumine d'un éclat du ciel. Laissez-moi ce rayonnement dans ma vie. Vous devriez comprendre que dans tout ce cortége de pécheresses que je traîne après moi, il m'est doux de reposer mes yeux sur une créature toute virginale. Quand j'ai rêvé une sœur, je l'ai rêvée comme vous.

Et Parisis embrassa doucement le front, les yeux et les mains de la jeune fille.

— Tout ce que vous me dites là me prouve que vous ne m'aimez pas, reprit-elle tristement. Tant que la comtesse de Thorshawen a vécu je me suis résignée, mais puisqu'elle est morte qui donc vous empêche de m'aimer ? Ah ! je le sais bien ! c'est cette Violette qui est revenue dans le pays. Celle-là vous l'aimez plus encore que la Femme de Neige ! Quand la pauvre comtesse est venue me voir, croyant vous trouver ici, jalouse elle-même, mais attendrie sur mon malheur, elle m'a bien dit : « Il y a une femme qu'il aime mieux que moi et qu'il aime mieux que vous : c'est Violette. » Et puis elle a encore ajoutée : « Il y a encore une femme qu'il aime mieux que Violette : c'est la première venue. »

Le duc de Parisis ne put s'empêcher de sourire à ce portrait si profondément vrai.

— Après cela, reprit mademoiselle de Havoë, madame de Thorshawen m'a dit que ce n'était pas votre faute, si la fatalité vous entraîne dans votre aveuglement. Il y a des hommes qu'on accuse de tuer les femmes par le chagrin, mais ils n'ont pas la conscience du mal qu'ils font. Elle me disait encore que vous étiez meilleur que don Juan. Vous avez sa raillerie, mais vous avez vos quarts-d'heure de bonté : les femmes que vous ne tuez pas vous voulez les consoler.

Émilie Havoë dit ces derniers mots avec un inexprimable sentiment d'amertume et de désespoir.

Octave se leva et se mit à marcher dans la chambre comme s'il cherchait un mot à répliquer.

Violette eut peur qu'il ne vint au cabinet de toilette, elle s'enfuit à pas de loup, tout à la fois heureuse de n'être pas trahie et triste de voir souffrir celle qu'elle croyait sa rivale.

Elle retourna à Pernand décidée à ne jamais parler à Octave de sa belle locataire.

Mais la jeune Norwégienne ne fut pas longtemps la locataire du duc de Parisis.

Quelques jours après elle disparut avec sa dame de compagnie sans laisser un mot d'adieu.

Où allait-elle ? Je crois qu'elle ne le savait pas bien elle-même.

Elle passa devant le château de Parisis. Sans doute, elle y laissa tomber par son regard, par son âme, par son esprit, tout ce qui restait d'espérance dans son cœur.

Sans doute elle se dit que le bonheur aurait pu être là pour elle si Octave l'eût aimée.

Et tout fut dit. Et tout fut fini.

On raconta au duc de Parisis comment la jeune étrangère s'était arrêtée devant le château. C'était l'adieu éternel. S'il se fut trouvé au château qui sait ce qui serait advenu, mais il était parti pour Pernand.

Il attendit vainement une lettre. Il se décida à chercher à Paris mademoiselle de Havoë. Il ne la cherchait plus quand il la retrouva.

Il alla au Père Lachaise pour saluer le tombeau de la comtesse de Thorshawen. Il avait acheté pour elle un sarcophage dans le style antique.

Ce fut pour lui une douloureuse surprise d'apprendre que sous le sarcophage, — au lieu d'une femme — il y en avait deux.

Une jeune fille était venue déjà mourante

quand on travaillait au tombeau. Elle avait averti que sous quelques jours une amie de la comtesse de Thorshawen serait enterrée à côté d'elle par la volonté du duc de Parisis.

Elle était revenue morte, on avait obéi.

Aussi sur le sarcophage on avait gravé une épitaphe de chaque côté.

Ici :

Ci gît qui a vécu.

Là :

Ci gît qui n'a pas vécu.

Les deux amoureuses norwégiennes reposaient donc ensemble. L'une, la première, enveloppée dans le souvenir d'un amour profond : *Ci gît qui a vécu.*

La seconde couchée sous le chaste linceul des vierges qui ont aimé sans être aimées : *Ci gît qui n'a pas vécu.*

Le duc de Parisis eut une larme pour la Femme de Neige. Il en eut deux pour la jeune fille.

LIVRE II

LA FEMME SACRIFIÉE

> *Pleure pour te consoler. Meurs pour revivre.*
> MAHOMET.

> *Mouille ton cachet, pour le préserver de la cire. Mouille ta vie de quelques larmes, afin de ne pas trop t'y attacher.*
> PYTHAGORE.

> *La mort à une maison hospitalière pour les prisonniers du mariage.*
> CHATEAUBRIAND.

> *L'on veut faire tout le bonheur, ou si cela ne se peut ainsi, tout le malheur de ce qu'on aime.*
> LA BRUYÈRE.

> *Combien de crimes impunis contre les femmes, Cartouche est un saint en face d'un mauvais mari : Cartouche tue d'un coup, le geolier du mariage fait souffrir mille morts.*

***

Il n'y a que les grandes âmes qui puissent juger les grandes choses.

✳✳✳

Quelques jours avant ta naissance, on s'occupait de ton berceau : quelques années avant l'heure de ton trépas, occupe-toi de ta tombe.

PYTHAGORE.

Quand Dieu eut créé l'amour il s'aperçut sans doute que l'homme et la femme une fois chassés du paradis auraient encore une part trop belle. aussi créa-t-il la jalousie, cette pâle hôtesse qui nous verse d'une main cruelle dans la coupe des passions le poison mortel des Indiens

✳✳✳

I

Madame de Foy et Cie

L nous faut maintenant retourner en arrière pour vous raconter le mariage d'Antonia.

Après avoir subi toutes les tortures de la maison de fous, elle était revenue vivre avec Violette. Grâce à la sollicitude de Violette, Antonia, calmée et adoucie, avait repris peu à peu sa pénétrante raison, car si jamais esprit fut lumineux, c'était bien celui-là ; mais rien n'est contagieux comme la folie. Peut-être que la raison serait contagieuse s'il y avait des maisons de sages comme il y a des maisons de fous.

Quand Violette était partie pour Ems avec la chanoinesse, elle avait laissé Antonia chez elle, non sans quelqu'inquiétude, mais en la recommandant à Bérangère.

Or, que s'était-il passé ?

Parmi ses amies les libres-penseuses, la femme de Monjoyeux voyait madame Marquette, une des figures originales de ce temps-ci.

Madame Marquette avait plus de quarante ans, mais elle ne se résignait pas à être une femme mûre. Elle était presque la contemporaine de la mère de Bérangère, mais elle se croyait tout aussi jeune que la fille.

J'ai connu un horticulteur qui avait la coquetterie de son jardin, à ce point qu'il remettait le matin, à leur place sur l'espalier, toutes les pêches mûres qui étaient tombées la nuit.

Madame Marquette était une pêche mûre depuis longtemps tombée de l'espalier. Tous les matins elle faisait le travail de l'horticulteur : Elle se mettait sur la branche verte à côté des pêches qui n'étaient pas mûres.

Elle était capable de tout pour garder sa jeunesse et pour faire illusion aux autres comme à elle-même.

Elle ne permettait pas qu'on l'appelât par son nom de femme. « Ma chère, appelez-moi donc Virginie ! C'est plus doux et plus intime. »

Son mari, un préfet plus ou moins honoraire, avait été appelé, depuis un an, à « faire valoir ses droits à la retraite. » Ce que voyant, madame Marquette l'avait appelé elle-même à faire valoir ses droits — à la retraite.

Ce n'était plus qu'un mari honoraire. Il vivait à la campagne, dans une ancienne châtellenie en ruines, où il se consolait de ses déchéances au milieu de ses vaches et de ses cochons, après s'être abonné au *Rappel* et au *Réveil*, pour se convaincre qu'un gouvernement qui n'était plus défendu par lui, était un gouvernement hors la loi. Il croyait que sa femme n'était à Paris depuis sa déconfiture, que pour lui déterrer une sinécure. Déjà, en effet, elle lui avait écrit pour lui offrir le titre de membre du conseil d'administration d'une compagnie d'assurances contre la grêle. Il lui avait spirituellement répondu qu'il était trop grêlé pour cela.

Quoique préfète pendant dix ans, madame Marquette née Parisienne, était restée Parisienne même au fond des provinces. Elle avait porté partout son amour du luxe et du tapage. Elle avait été aux quatre coins de la France, la femme du jour, l'esprit du jour, la mode du jour, d'ailleurs, femme aussi irréprochable dans les départements qu'elle était femme d'aventures à Paris, où elle passait toujours trois mois par an. C'était grâce à elle que son mari avait gravi toutes les phases de sa carrière, depuis qu'il avait été nommé conseiller de préfecture, jusqu'au jour où il avait ébaubi les populations d'une de nos plus grandes villes de France.

Madame Marquette ne se contentait pas de marier son cœur à chaque voyage à Paris : Elle aimait tant les mariages d'inclination, qu'elle faisait des mariages de raison tout autour d'elle. Dans son amour des aventures elle créait des aventures sur son chemin pour ses amis des deux sexes. Maintenant qu'elle avait quarante ans, elle était plus terrible que jamais dans son ardeur à tout incendier. Il fallait qu'elle vécût au milieu des passions : les siennes et celles des autres.

Comme elle aimait la jeunesse, elle s'était liée bien vite avec Antonia, qui la charmait par l'imprévu de son esprit, par sa vaillance à tout dire, par l'éloquence de ses yeux noirs qui révélaient son âme.

Quand elle apprit que Antonia avait hérité de la duchesse de Montefalcone de vingt-cinq mille francs de rente, elle pensa à la marier. Avec qui ? Elle n'avait qu'à se retourner. Plus d'un attendaient.

Marguerite de Bourgogne jetait ses amants dans la Seine, madame Marquette, beaucoup plus cruelle, jetait les siens dans le mariage.

Parmi ses amants les plus obstinés, était le baron Godefroy d'Yves, qui avait mangé ses quatre sous et qui spéculait sur son blason. Il avait tous les vices. Il était devenu avare après avoir été prodigue. Mais il jetait sur toutes ses misères, la désinvolture, la grâce, le dilettantisme d'un homme à la mode.

La pauvre Antonia, qui jusque-là n'avait

aimé que les femmes, s'était laissée prendre à cet homme comme l'oiseau à la vipère.

Elle qui n'avait ni nom ni famille, dans sa bonté, elle était reconnaissante au baron d'Yves de lui donner son nom.

Pour ce qui est de l'amour, elle ne le connaissait pas encore.

— Tu l'aimes donc? lui avait dit Violette au château de Parisis.

— Oui, avait répondu Antonia, je l'aime comme tous ces messieurs qui venaient chez la duchesse. Le baron est tout aussi bien qu'eux. Il sera de vos amis comme le prince Rio et le duc d'Ayguevives.

Violette, dans sa douceur de roseau, ne s'opposait jamais à rien. Elle laissa donc faire, priant Dieu que Antonia fut heureuse.

Comme on le sait déjà, la marquise de La Chanterie ne resta avec Violette que deux jours à Parisis. Elle partit emmenant Antonia et promettant à sa chère Violette de mettre tout en œuvre pour savoir où était le duc de Parisis.

La chanoinesse ne se doutait pas qu'elle conduisait la pauvre Antonia au sacrifice.

Qu'avait-elle donc fait à Dieu, cette pauvre fille, pour qu'il la condamnât à tous les martyres? Il faut bien qu'il y ait un paradis pour ces anges de vertu, de dévouement et de résignation, qui n'ont fait que le bien sur la terre et qui n'ont été payées que par le mal.

Ceux qui, jusqu'ici, ont suivi pas à pas cette charmante Italienne toute à son cœur, qui avait été l'adorable Cendrillon de Violette et de Bianca, ceux qui l'ont vue jouant du violon avec son frère, récitant le catéchisme au curé de Pernand, échappant, par son innocence même, aux vagues convoitises de Parisis, devenant la consolation de Violette, se constituant l'ange gardien de Bianca, se sacrifiant pour sauver la duchesse de Montefalcone, traversant tous les périls, passant par Saint-Lazare sans se souiller, laissant presque sa santé et un peu de sa raison dans une maison de fous, ceux-là liront sans ennui la fin de son histoire.

II

Un de ces messieurs.

Dans un salon Louis XVI, chez la chanoinesse rousse, Antonia respirait un majestueux bouquet de violettes de Parme illuminées par quatre camélias blancs et un camélia rouge qui avaient l'air de jouer aux quatre coins.

— Comme ça sent bon les violettes, dit la jeune fille. Ça sent le bonheur.

Elle se reprit :

— Le bonheur triste, comme Violette.

Et sur sa physionomie égayée tout à l'heure, une expression de mélancolie se répandit en nuage.

Ce bouquet venait de lui être apporté. Elle savait bien d'où il venait. Elle le déposa dans une potiche japonaise et mit un de ses pieds devant un beau feu de charme qui flambait dans l'âtre. Quoiqu'on fut en été, de sombres nuées couvraient le ciel, la cheminée reprenait ses causeries d'hiver. Ce n'était pas le chant du grillon, mais c'était le vif pétillement du bois qui s'enflamme. La cheminée est plus éloquente que la tribune. Que de tableaux du passé s'y éclairent d'une lumière magique ! C'est là qu'on a consumé les plus chères rêveries les jours de pluie et les jours de froid, quand le cœur est amoureux. On retrouve toujours du feu sous cette cendre-là.

Antonia regarda à la pendule. C'était une petite pendule égyptienne qui charivarisait dans ce salon Louis XVI, mais la marquise de La Chanterie n'était pas orthodoxe dans son ameublement.

— Deux heures ! dit Antonia ; cette pendule ne va pas bien.

Les pendules ne vont jamais bien pour les jeunes filles. Elles avancent ou elles retardent toujours.

Le timbre de la porte éclata dans le silence.

— C'est lui! dit Antonia.

Ce n'était pas lui. C'était madame Marquette qui a déjà eu l'honneur de vous être présentée.

Elle n'était pas étrangère au magnifique bouquet que Antonia avait respiré avec une douceur mélancolique.

— Ah! bonjour, Antonia! jette-toi dans mes bras. Es-tu contente? moi je suis ravie! Mon bonheur c'est ton bonheur.

Et elle embrassa la jeune fille avec frénésie comme elle eût fait d'un amoureux. Elle ne dominait jamais son emportement.

— Comment le baron n'est pas encore arrivé! Est-ce qu'il t'a écrit ce matin?

— Non, M. d'Yves m'a envoyé ce bouquet il n'y a qu'un instant.

— Oh! le beau bouquet! Ce que j'aime dans le mariage, ce sont les bouquets, depuis le bouquet de l'amoureux jusqu'au bouquet de la mariée. Quelle orgie de violettes! Veux-tu que je les respire? N'es-tu pas jalouse? Prends garde! il est furieusement jaloux M. d'Yves.

Madame Marquette aurait voulu rattraper ce mot.

— Il a donc bien aimé déjà? dit Antonia devenue pâle.

— Des folies! Tu sais il faut en passer plus d'une aux hommes. C'est leur privilége. Mais rassure-toi : plus un homme a été au feu et plus il est brave.

— Ma chère Virginie, vous êtes folle. Vous ne comprenez plus rien au cœur d'une jeune fille, vous arrachez le voile de la mariée avant qu'elle soit revenue de l'autel.

— Voyons! voyons! ne soyons pas si romanesque. Je comprends ces pudeurs-là à l'heure du sacrifice. Mais tout cela c'est d'un monde qui s'en va, vois-tu. Aujourd'hui les jeunes filles ne jouent plus à la poupée. Pour ne pas trop pleurer, ma chère Antonia, il faut rire de tout et ne croire à rien.

— Alors que voulez-vous que je fasse de mon cœur?

— Ah! voilà. Ton cœur est comme ta pendule, il retarde. Adieu! je suis attendue aux quatre coins de Paris. A propos, tu ne sais pas? Je crois que je vais marier aussi mademoiselle Duval. La pauvre enfant ne peut pas se consoler de s'appeler Duval. — Maison Duval et compagnie, — deux millions gagnés dans la carosserie. Je connais un jeune comte de soixante ans qui a toujours été à pied et qui sera bien heureux de monter dans les carosses de mademoiselle Duval. Adieu, adieu, sois heureuse! C'est encore là ce qu'il y a de mieux à faire.

Madame Marquette — je voulais dire Virginie — s'envola légère comme un oiseau de seconde année.

— C'est pourtant mon bouquet, dit-elle en descendant l'escalier. Le baron est décidément trop avare.

Comme elle allait remonter dans son coupé, elle entendit prononcer ce mot qui était si doux « Virginie! »

Elle tourna la tête avec un sourire.

— Ah! c'est vous, monsieur d'Yves, vous êtes furieusement attendu là haut. On se console avec votre bouquet. Je me trompe, avec mon bouquet. Savez-vous, mon cher, que ce n'est pas d'un *galantuomo* ce que vous avez fait là? On m'envoie un bouquet de Nice, vous le trouvez splendide, vous me le prenez et vous l'offrez à votre fiancée ! On n'a jamais vu cela.

— En amour, il n'y a que la foi qui sauve. Il me fallait perdre une heure à courir pour en commander un. Vous restez chez vous ce soir : je vous en enverrai un pareil pour demain à l'Opéra.

— Un pareil ! je te connais, beau masque. Si jamais vous mettez plus de vingt francs à un bouquet, vous, je me voilerai la face. Mon bouquet est un bouquet de cinquante francs.

— Voulez-vous cinquante francs ? dit M. d'Yves en portant la main à son gilet.

— Allons donc ! vous avez toujours la main sur votre bourse, mais c'est pour la garder. Vous aimez trop l'argent, mon ami.

— Que voulez-vous, j'aime l'argent parce que je n'en ai pas.

— Eh bien ! adieu. Allez vous marier ; moi, je vais à d'autres exercices.

Le baron se pencha dans le coupé et dit à Virginie une de ces phrases bien connues qui se disent à l'oreille dans le beau monde et qui se disent tout haut dans le mauvais.

Pour quiconque eût passé, il n'eût pas été douteux que ce monsieur et cette dame, c'était un amant et une maîtresse.

Dans le Paris moderne, tout s'arrange parce que tout se dérange. La maîtresse marie elle-même son amant, si bien qu'après six semaines de mariage, l'amant confond la femme avec la maîtresse et la maîtresse avec la femme, jusqu'au jour où il quitte l'une ou l'autre, — jusqu'au jour où il quitte toutes les deux.

Madame Marquette avait connu le baron d'Yves dans ses pérégrinations préfectorales. Ils s'étaient retrouvés aux courses de Longchamp; ils s'étaient rappelé une petite course départementale où le baron avait remporté tous les prix, parce qu'il n'y avait que lui qui fît courir.

— Ah! je vous aimais bien ce jour-là, madame! — Pourquoi ne me l'avez-vous pas dit, monsieur?

Ce fut le chapitre des souvenirs et des regrets.

La femme du préfet se risqua à dîner avec le baron; le soir, il l'appelait Virginie.

Comment eût-elle résisté? d'autant qu'elle n'avait plus de temps à perdre. Les statisticiens ont remarqué que de trente-six à quarante ans, la vertu ne sait plus guère son chemin.

On avait été heureux pendant trois mois, après quoi on était allé de part et d'autre à de nouvelles aventures, sans toutefois cesser de se voir encore. Çà et là Virginie réveillait les passions de M. d'Yves par son grand œil velouté, dont le jeu savant en avait vaincu plus d'un. Elle était un peu moustachue, elle avait les sourcils accusés, mais elle répandait sur cette physionomie un peu rude je ne sais quel teinte de volupté, je ne sais quel air féminin, je ne sais quel nuage de poudre de riz qui troublait tous ceux qui la regardaient un peu.

Un jour qu'elle s'ennuyait dans la compagnie de son cher baron d'Yves, elle lui proposa de le marier. Il la regarda à deux fois, mais il reconnut bien vite qu'elle ne riait pas; il savait bien d'ailleurs qu'il ne lui était bon à rien. Il n'était ni riche ni ambitieux, il avait joué son jeu, le mariage seul pouvait lui donner de nouvelles cartes pour tenter le hasard.

Virginie, fidèle à son système, n'avait que de jeunes amies. Elle présenta le baron à Antonia, dans une visite chez Bérangère. Antonia croyait à l'amitié, à l'amour, au mariage, à toutes les saintes duperies du cœur ; le baron n'était ni un aigle ni un Adonis, c'était un homme quasi-spirituel qui portait bien sa distinction native. Antonia, dans son innocence, ne demanda qu'à placer sur lui toute la fortune de son cœur, sans songer même à prendre des hypothèques. Il était baron, il la conduirait dans le monde, il vivrait avec elle dans la solitude de son château pendant la saison des chasses, elle voyagerait avec lui dans les stations thermales, ils passeraient ensemble quelques bonnes semaines au château de Parisis où Violette les avait déjà invités : n'était-ce pas là son idéal? On s'imagine toujours quand on va se marier que l'amour sera de la partie.

Cependant M. d'Yves était monté chez Antonia. Que s'était-il passé? Elle l'accueillit avec des larmes dans les yeux.

— Vous pleurez !

— Non, je ne pleure pas.

Elle essaya de sourire.

M. d'Yves s'aperçut qu'elle froissait un chiffon de papier.

— Vous avez reçu de mauvaises nouvelles.

— Moi ! au contraire. J'ai reçu une déclaration d'amour.

Antonia s'efforçait de vaincre son chagrin, mais la raillerie allait mal à sa pâle et douce figure.

— Une déclaration d'amour ! Permettez-moi de trouver cela étrange.

— D'autant plus étrange, monsieur, que je l'ai trouvée dans votre bouquet.

— Dans mon bouquet?

Le baron se mit à rire pour masquer son trouble.

— Voyons donc cette curiosité.

Antonia ne fit pas de façon pour lui présenter le billet.

Je vous envoie ces violettes de Parme que j'ai cueillies moi-même à Monaco, dans le jardin de la Condamine, sous des orangers chargés de fruits; ce sont les pommes d'or du jardin des Hespérides. Hélas! ce n'est pas moi qui cueille les pommes, car vous n'êtes pas un dragon de vertu pour défendre votre cœur quand je ne suis pas là et même quand je suis là. Vous m'avez promis de venir, je vous attends toujours. Nous retournerons ensemble par cette belle Méditerranée toute bleue et toute furieuse. Nous ferons peut-être naufrage, mais Paul sauvera Virginie.

— Je ne comprends pas, dit le baron qui comprenait bien.

— Et moi je comprends, dit Antonia qui ne comprenait pas, mais qui voulait forcer M. d'Yves à dire la vérité.

Le baron prit la main d'Antonia.

— Vous voyez bien que ce n'est pas mon écriture. Je n'entends pas un mot à ce galimatias. La marchande de bouquets aura mis ce billet dans le mien au lieu de le mettre dans un autre.

— C'est impossible, puisque ce bouquet vient de Monaco. Si votre ambassadeur ne m'avait remis votre carte, je croirais que ce bouquet me vient de madame Marquette, car n'est-ce pas la Virginie de ce nouveau roman ?

— Heureusement que je ne m'appelle pas Paul.

Antonia soupira.

— Mais pourquoi vous attrister ainsi ?

— Pourquoi ? ce bouquet est de mauvais augure, c'est un bouquet de trahison.

Disant ces mots, Antonia plus pâle encore se laissa tomber sur un canapé et s'évanouit presque.

Madame de La Chanterie accourut tout effarée.

— Monsieur, monsieur, qu'avez-vous dit à Antonia !

Le baron eut peur de manquer sa fortune. Il se jeta aux pieds de madame de La Chanterie avec une douleur si bien jouée qu'Antonia lui pardonna.

Elle ne lui eût pas pardonné s'il ne se fût jeté qu'à ses pieds.

III

Le mariage d'Antonia

A six semaines de là, Antonia était conduite à la Madeleine par M. le baron Godefroy d'Yves.

Les mariés ne marchaient pas du même pas.

Le baron prenait des airs victorieux. Comme toujours, Antonia était douce et triste, mais avec une expression de fierté qui indiquait que si elle se donnait, elle ne se soumettait pas.

Violette, la marquise de La Chanterie et madame Monjoyeux l'accompagnaient comme une jeune sœur.

Violette était revenue tout exprès quoiqu'elle

eût juré de ne pas reparaître à Paris. Elle se cachait pour ainsi dire dans la prière, masquée tout à la fois par son voile et par son livre d'heures.

Elle avait le pressentiment que ce mariage serait fatal à Antonia. De loin, elle avait cru à un galant homme, de près elle reconnaissait un de ces êtres ténébreux sans foi ni loi, qui prennent une femme pour sa dot et qui ne font pas honneur à leur signature — des félons en amour qui sont la honte du mariage. En vain il faisait la roue devant Antonia et ses amies : on voyait tout de suite dans le marié, l'homme d'affaires qui comptait déjà la dot.

Avant la messe le médecin qui avait soigné Antonia, s'approcha de Violette.

— Ah ! madame, lui dit-il, pourquoi ne l'avez-vous pas empêchée de faire ce mariage-là ? La pauvre enfant n'est pas encore en vraie santé. Ce n'est pas le baron d'Yves qui la sauvera, il a toujours vécu avec des filles de joie, il les rouait de coups, j'ai bien peur qu'il ne brise cette pauvre âme encore malade.

— Docteur, pourquoi ne m'avez-vous pas dit cela plus tôt ?

— Parce que j'ai été averti trop tard. Je voulais vous écrire, j'ai remis cela au lendemain. Vous savez qu'à Paris on n'a jamais le temps de faire le bien.

Antonia fut saluée au passage par mille sourires admiratifs. Tout le monde la trouvait heureuse. Mais ceux là qui vont aux messes de mariage, à Paris, sont presque tous des sceptiques qui ne croient ni au bonheur ni au mariage.

L'abbé Deguerry parla aux époux avec onction. Pas un mot des devoirs du mariage; il était en trop bonne compagnie.

Pendant la bénédiction, les blanches colombes ne descendirent pas du ciel, quoique Antonia priât avec ferveur. Naturellement M. d'Yves ne priait pas du tout. Le coup de sonnette de l'enfant de chœur lui rappelait le coup de sonnette de ses créanciers.

— Enfin! pensait-il, je vais donc payer tous ces mécréants qui ne croient pas à ma fortune.

Le baron avait une fortune en terres. Une vraie fortune de pauvre aujourd'hui. Dès qu'il mettait le pied à Paris, c'était pour faire des dettes. Il avait beau couper ses bois avant l'âge, il n'avait pas d'argent pour prendre une vraie place au banquet moderne. Grâce à la fortune d'Antonia, il ne serait plus « un infortuné convive. »

Parmi les amis du mari et de la mariée, on remarquait beaucoup madame Marquette, avec un chapeau provoquant, une robe tapageuse et des œillades incendiaires.

— Chère Antonia ! disait-elle comme elle eût dit « cher baron ! » elle sera bien heureuse avec M. d'Yves. Elle sera bien heureuse, j'en réponds.

Une malicieuse lui dit avec ingénuité :

— Oui, vous pouvez en répondre, car vous le connaissez bien M. d'Yves.

Madame Marquette sentit le coup, mais elle riposta :

— Vous le connaissez comme moi. Je l'ai rencontré quand j'étais exilée dans les départements. C'est un homme bien né, qui a du bien au soleil, beaucoup de cœur et beaucoup d'esprit.

— Beaucoup d'esprit ? pas au soleil ! On le dit avare !

— Il est comme tous les fastueux; il ne sort son esprit que les grands jours. Après cela on le dit avare, c'est parce qu'il paye ses dettes.

— Pauvre Antonia !

— Pourquoi pauvre Antonia ? pourquoi ce cri de sentiment ?

— Parce que Antonia est un ange. Voulez-vous savoir ma pensée ?

— Dites.

— Eh bien ! madame, j'aimerais mieux voir Antonia aux Carmélites, se marier à Dieu, les cheveux coupés, sous le voile funéraire comme mesdemoiselles de R***, mademoiselle de M***, mademoiselle de L***, que de la voir emprisonnée avec ce baron, qui ne comprendra jamais rien à cette âme divine.

Madame Marquette regarda sa voisine du haut de sa moquerie et retint sur ses lèvres un quolibet du monde interlope. Elle se reprit et murmura :

— Je vois bien, madame, que vous êtes toujours dans l'âge des illusions. Vous croyez encore à la lune de miel parce que vous êtes d'un autre temps. Mais aujourd'hui il faut bien en prendre son parti, il n'y a plus que des lunes rousses, même pour les privilégiés comme ceux qui sont là à l'autel. Voyez-vous, madame, le bonheur n'est plus comme autrefois un voyage dans le bleu, une solitude à deux, une nacelle qui fuit sur le lac. C'est un bon coupé pour aller au Bois quand il n'y a plus de feuilles. C'est une belle robe très décolletée pour aller dans le monde sans son mari. C'est un feu d'artifice de diamants pour le bouquet. La vie n'est plus qu'un carnaval; cela n'empêche pas de donner une heure à ses enfants, une heure aux pauvres et une heure à Dieu. On n'en est pas moins vertueuse pour cela. Celles qui vous prêcheront le contraire, sont des bégueules, madame.

— Madame, je vous remercie de me donner une leçon de savoir-vivre.

Et là-dessus les deux amies se tournèrent le dos avec ensemble.

Elles se retrouvèrent dans la sacristie. Elles embrassèrent la mariée, l'une en éclatant de rire, l'autre en cachant ses larmes.

— N'est-ce pas que tu es bien heureuse? dit madame Marquette à Antonia dans son admirable étourderie, quarantenaire. Que fais-tu ce soir? Si tu t'ennuies, appelle-moi.

Sur ces belles paroles, le baron serra expressivement la main de sa maîtresse. Elle s'en alla contente, murmurant dans ses lèvres :

— Je suis bien sûre que si M. d'Yves avait le choix, c'est avec moi qu'il passerait sa nuit des noces.

Elle était si pervertie, cette femme qui trahissait son mari, qui trahissait ses enfants, qui trahissait Antonia, qu'elle dit cela sans rougir.

Elle rencontra le duc de Santa-Fez, qui la conduisit à sa voiture.

— Comment trouvez-vous la mariée? lui demanda-t-elle.

— Charmante, divine, adorable.

— Oui, mais ce ne sont pas là des femmes, mon cher.

— Vous avez raison... les raisins sont trop verts. Cette Antonia est un fraisier en fleurs, j'aime mieux les fraises mûres qui me tombent dans la main.

Disant ces mots, le duc prit madame Marquette par la ceinture au lieu de la prendre par la main pour la jeter dans son coupé.

IV.

Comment finissent les prodigues.

Le baron d'Yves ne fut pas marié huit jours, qu'il donna des leçons d'économie à sa jeune femme. Il fut éloquent pour lui prouver que l'argent est la source de tous les plaisirs. Il avait toujours un crayon sur lui et à propos de tout il posait des chiffres. Il demanda à voir le livre de la blanchisseuse et le livre de la cuisinière, disant que toute maison doit avoir son ministre des finances et sa cour des comptes. Il prépara je ne sais combien de budgets ordinaires et extraordinaires, ne laissant rien ni à la fantaisie ni à l'imprévu. Ce fut à ce point qu'un jour Antonia lui dit :

— Mais, mon ami, si vous faites encore un budget, je n'oserai plus me mettre à table.

Il s'impatienta de cette remarque toute naturelle.

— Vous êtes une enfant, vous ne comprenez rien à l'équilibre de la fortune. Vous ne prévoyez donc pas que nous avons des révolutions à traverser. Entendez-vous les clameurs de tous ces socialistes qui ouvrent un arpent de gueules pour nous dévorer.

— Eh bien ! c'est vous qui serez trahi, dans votre prévoyance, puisque c'est pour eux que vous aurez fait des économies.

— Pas si bête ! je veux avoir douze mille livres de rentes en fonds hollandais. Avec cela nous pourrons fuir la Terreur si elle revient.

— A la grâce de Dieu ! reprit Antonia en levant les yeux au ciel. J'aime autant m'expatrier là-haut, que de m'expatrier en Hollande.

Et c'était tous les jours de nouvelles combinaisons chimériques, des épouvantails de misères, des tableaux de désolation, pour prouver à Antonia qu'il ne fallait pas jeter l'argent par les fenêtres.

Antonia finit par dire à son mari :
— Faites de ma fortune comme de la vôtre, tout ce qu'il vous plaira.

Mais Antonia avait été mariée sous le régime dotal. M. d'Yves ne pouvait toucher qu'aux revenus. Voilà pourquoi il était si âpre. Il lui fallait plusieurs années pour payer ses dettes et pour remettre sa terre en état.

Non-seulement Antonia n'osa bientôt plus aller chez sa couturière, mais elle diminua ses aumônes. Le baron lui donnait si peu d'argent qu'il ne lui restait jamais cinq louis dans sa bourse, quoiqu'elle lui eût apporté vingt-cinq mille francs de rente. Aussi quand elle faisait la charité, c'était elle qui baissait les yeux. Elle rougissait de donner si peu, mais elle n'osait se plaindre à M. d'Yves. Elle avait peur de lui.

Ni l'un ni l'autre n'avaient franchi l'abîme qui séparait leur cœur de leur intelligence. Ils étaient de deux mondes opposés. La pauvre enfant n'avait pas prévu cela en donnant sa main. Vainement elle avait tenté, je ne dirai pas à force d'amour, mais à force de sentiment de franchir l'espace qui la séparait de son mari. Mais dès qu'elle entreprenait ce voyage, elle sentait la nuit l'envahir. Les chouettes venaient s'abattre sur elles avec leurs cris de mort. Elle pleurait, elle tombait agenouillée, elle se réfugiait en Dieu.

Pas un mot à Violette. Elle aimait trop Violette pour ne pas lui montrer une figure heureuse. D'ailleurs, elle ne désespérait pas. Elle se disait encore, que peut-être le mariage avait ses jours d'épreuves. Dès que le baron s'était éloigné, elle lui faisait une figure idéale, elle le voyait plus beau et plus noble. Dans son austère vertu, la pauvre jeune femme ne croyait ni aux âmes perverties ni aux âmes dépravées. Elle devait bientôt faire sa descente aux enfers.

M. d'Yves ne la conduisait guère dans le monde. Il avait encore sur ce point une phraséologie toute faite comme sur la question d'argent. Selon lui, la femme est l'ange de la maison. Elle garde dans l'intérieur un air virginal que flétrit le contact des sots. Une femme, quelque vertueuse qu'elle soit, est bientôt calomniée si on la rencontre toutes les nuits au bal. Et vingt autres maximes formulées par tous les Othellos mondains. Quoiqu'elle aimât les fêtes, Antonia se résignait. Elle lisait des romans. Les romans lui disaient que le bal est le soleil de la beauté, que les figures les mieux épanouies s'étiolent à l'ombre de la maison.

Elle attendait patiemment que M. d'Yves changeât d'opinion.

Madame Marquette vint la voir un jour. C'était deux mois après le mariage, Antonia était moitié moins belle.

— Et quoi, Antonia ! c'est donc une conciergerie que ta maison ? Tu n'en sors plus et il y fait triste à mourir.

Antonia respira. Il lui sembla que madame Marquette lui ouvrait la porte pour sortir.

— Que voulez-vous, lui dit-elle, M. d'Yves n'aime pas le monde.

— Il n'aime pas le monde ! Je le rencontre tous les soirs.

Madame Marquette trouvait qu'elle ne rencontrait pas assez souvent le baron chez elle. Aussi comme elle ne contenait pas ses colères, elle n'était pas fâchée de le livrer au ressentiment de sa femme.

— Tous les soirs ? Il ne me disait pas cela, murmura Antonia tristement.

— Fais comme lui, ma chère. S'il ne veut pas te conduire au bal, je t'y conduirai moi. Nous enlèverons tous les cœurs. Avant quinze jours tous les chroniqueurs parleront des deux brunes, de Virginie et d'Antonia.

— Oh non ! dit la jeune mariée ; je ne veux pas qu'on parle de moi ; sur ce point je suis de l'opinion de M. d'Yves.

— M. d'Yves ! M. d'Yves ! M. d'Yves ! Qu'est-ce que cette manière de parler de son mari ? Vous en êtes encore à *Monsieur* et à *Madame* ! Vous ne savez donc pas qu'il s'appelle Godefroy ? Allons ! je vois bien que je me suis trompée en vous mariant ! Vous ne serez jamais deux amoureux. Il fait le plus beau temps du monde, viens-tu faire un demi-tour de lac.

— Non, vous savez bien que quand je vais au Bois, je ne fais pas votre demi-tour, je fais l'autre demi-tour.

— Ah oui ! M. Othello te cache. Il te dit qu'il va au Bois pour le Bois, même après la chute des feuilles. Oh ! les phrases imprimées, j'en ai horreur ! Quand je rencontrerai ton mari, je serai forte en gueule un peu, comme on dit dans le beau langage du Théâtre-Français.

A ce mot Antonia tressaillit.

— Ma chère Virginie, vous me faites peur avec votre vocabulaire des femmes à la mode.

Madame Marquette regarda la jeune mariée.

— Pauvre enfant ! tant de beauté, tant de vertu, tant de douceur, pour un seul homme qui ne l'a jamais bien regardée. Ah ! ce baron m'a bien trompée.

Et sur ce mot profond, la belle Virginie fit une pirouette de pensionnaire pour gagner la porte.

— Vous partez déjà ?

Si je perds cinq minutes, je manque mon entrée au Bois.

Le soir à dîner, — la chanoinesse étant là, — Antonia s'enhardit jusqu'à prier son mari de la conduire le lendemain à un bal dont on parlait depuis huit jours. Le baron objecta d'abord qu'on y rencontrerait de tous les mondes mais enfin voyant que Antonia tenait bon, il ne fit plus d'opposition.

— Mais de grâce, ma chère amie, dit-il d'un air despotique, ne vous y montrez pas dans tout le laisser aller de la mode. J'ai honte des autres femmes, que dirai-je de la mienne. En vérité, il faudrait un Juvénal aujourd'hui.

— Moi, dit timidement Antonia, je pense que si une femme a de la pudeur, elle peut se décolleter en toute conscience. C'est l'air de la femme qui fait la nudité et non la robe.

— Des phrases, ma chère amie. Moi, je dirai le contraire. Plus la femme a l'air innocent, et plus elle est provoquante par sa gorge nue.

C'était la parole d'un libertin. Antonia, qui était presque encore une vierge, ne comprit pas.

— Chut, dit Éva, qui rougissait pour la pauvre Antonia, M. d'Yves parle comme s'il était au cercle.

Et prenant un air d'autorité que lui donnait naturellement son amitié pour Antonia :

— Antonia ira dans le monde comme les autres femmes, ni plus ni moins décolletées.

— Non, je n'irai pas du tout, dit Antonia qui dévorait son humiliation.

Le mari fit amende honorable. On se réconcilia et on décida qu'on irait le lendemain au bal avec madame de La Chanterie.

Or, à ce bal, la jeune mariée qu'on avait à peine entrevue depuis trois mois, eut un vrai triomphe. Ses diamants éclairaient mieux encore sa beauté. Jusque là on ne l'avait vue qu'en robe plus ou moins montante, trop montante encore quand elle était décolletée. Cette fois, on voyait dans toute son ampleur cette belle épaule d'un dessin ferme et fin qui tombait avec tant de grâce sous ce cou fier, aux mouvements cycnéens. On admirait ce sein à demi découvert à peine, abondant comme celui de Diane chaste, comme le sein d'une chasseresse qu'a toujours protégée l'ombre des halliers. Grande, souple, fière, avec son charmant sourire d'innocence, Antonia excitait l'admiration sans éveiller le désir.

Voilà ce que ne comprenait pas son mari, qui n'avait jamais eu l'idée que dans toute femme il y a l'expression de l'art et l'expression de la nature.

Le bouquet de roses-thé

Antonia, s'amusa-t-elle beaucoup au bal ? S'enivra-t-elle de sa beauté et de l'encens des louanges ? Fut-elle touchée par le flux d'adorateurs qui venait se briser à ses pieds avec le murmure des vagues baisant le rivage inaccessible ?

Depuis qu'elle était mariée, M. d'Yves la déshabituait des compliments. Elle perdait sa foi en elle, elle ne croyait déjà plus à sa beauté, à sa grâce, à son esprit. Ce soir là elle se retrouva dans son monde, dans son atmosphère, dans son royaume. La beauté, que les poëtes ont comparé à la « reine des fleurs » ne peut vivre, comme la rose, dans l'air vif; c'est une plante frileuse des serres chaudes. Comparez : les Parisiennes font bonne figure pendant plus d'un quart de siècle; les provinciales ne gardent leur beauté que pendant dix ans atteintes qu'elles sont par le soleil, le vent, le hâle. Sans compter que la beauté est un culte et que plus la femme se croit belle plus elle est belle longtemps. Comme en religion, comme en art, comme en amour, il faut avoir la foi pour être belle, et il faut pratiquer. Ce n'est pas assez de se regarder dans un miroir à bizeaux : il faut, avec le sentiment du sculpteur et du peintre, avec la science de la ligne et de la couleur, retoucher sans cesse à l'œuvre de la nature. Nulle femme n'est belle si elle ne sait ni regarder, ni sourire, si elle ne donne des inspirations à son coiffeur et à sa couturière. Les esprits forts vont dire que j'aime les poupées étudiées, j'en ai horreur. Mais je n'aime pas non plus la gaucherie des pensionnaires. En tout il faut de l'art. Il y a aussi loin de l'art à la coquetterie et à la manière que de la gaucherie à l'art. C'est là le privilége des Parisiennes de ne faire que les trois pas des dieux de l'Olympe pour entrer de plein pied dans la grâce.

Antonia avait donc retrouvé, comme par miracle, toute sa beauté, parce qu'elle avait retrouvé toutes les admirations qui la soulevaient dans sa grâce. On enviait fort le baron, qui semblait, par ses airs maussades, ne rien comprendre à son bonheur. Aussi fut-il presque brutal quand il vint avertir sa jeune femme que l'heure avait sonné depuis longtemps.

Quelle heure? Hélas! ce n'était pas l'heure d'aimer! C'était l'heure nocturne! l'heure sans étoiles.

Le retour à la maison fut silencieux. Antonia entendait encore les adorables valses d'Olivier Metra, ce poëte mondain qui donne aux âmes inquiètes la soif des voluptés idéales.

Quand M. d'Yves fut sur le seuil de la chambre à coucher de sa femme, il essaya un sourire :

— Vous avez été bien heureuse ce soir, n'est-ce pas Antonia?

— Oui, vous savez comme j'aime la valse et la musique.

Le baron ne trouva rien de bon à répliquer. Après un silence la jalousie lui souffla cette question :

— On m'a dit que le marquis valsait bien?

— Comme les autres.

— Pourquoi avez-vous valsé trois fois avec lui?

— Trois fois! Il me parlait de Violette : je n'ai pas compté.

— Ni moi non plus. Dieu merci, je ne suis pas jaloux. Que m'importe qu'ils touchent à la robe, tous ces danseurs de cotillon, quand je touche à la femme.

Disant ces mots, le mari saisit la jeune femme avec quelque colère, il lui arracha sa pelisse et il l'embrassa sur le cou.

Ce baiser parut une insulte à Antonia. Elle ne pouvait admettre qu'un contrat plus ou moins sacré donnât à un homme le droit absolu de marquer une femme d'un baiser. Antonia, qui s'était réfugiée contre la cheminée, voyait en effet dans la glace l'empreinte rouge de cette violence.

Le sacrement du mariage ne donne pas le privilége à un mari de violer sa femme. Sans l'amour point de mariage. Si Dieu est dans le mariage, c'est par l'amour.

M. d'Yves se rapprocha d'Antonia. Elle avait rougi jusqu'au blanc des yeux. Il avait rejeté la pelisse, il voulut dégrafer la robe.

Antonia eut peur. Elle tomba agenouillée et fit le signe de la croix. Le mari fut désarmé comme le démon l'eût été lui-même.

— Des bêtises! des bêtises! dit-il, comme pour avoir le dernier mot.

Mais il s'éloigna battu et mécontent.

Le lendemain vers onze heures, il revint dans la chambre de sa femme qui venait de se lever.

Il était entré sans frapper, selon son habitude gothique.

Antonia en toute hâte, cacha sous son couvre-pieds un admirable bouquet de roses-thé. Elle croyait n'avoir pas été vue, mais elle fut trahie dans cette action par la glace de sa psyché.

M. d'Yves prit un sourire hypocrite.

— Bonjour, Antonia. Vous n'êtes pas morte de vos hauts faits? Déjà sur pieds! je ne vous croyais pas si vaillante.

La jeune femme tendit sa main avec une secousse de bonne amitié.

— De ces batailles là on en revient toujours. Les femmes sont bien plus fatiguées d'avoir trop dormi que de n'avoir pas assez dormi. Je ne dis pas cela pour aller dans le monde.

— Oui ! oui ! je vous vois venir. Vous allez me dire que le vrai soleil des femmes à la mode c'est le lustre d'un salon. C'est là un paradoxe qui ne se discute pas. La femme est un oiseau qui doit fermer ses ailes pendant la nuit. Est-ce que vous avez envie de recommencer ?

— Comme il vous plaira, mon ami.

— Parlez donc selon votre cœur. Avouez qu'il vous sera triste de passer désormais la soirée avec moi.

— Vous voulez dire toute seule, car vous ne rentrez jamais que pour vous coucher.

— Pourquoi ne dites-vous pas au marquis de venir vous désennuyer ?

— J'y songerai, mais pourquoi me parlez vous encore du marquis ? Je vous avoue que si je voulais causer le soir ce ne serait pas avec lui. Quand je le vois, il me prend toujours envie de lui dire « saute marquis » tant il danse bien.

— Alors ce n'est pas chez lui que vous placeriez votre cœur?

La jalousie met partout son pied de grue. Elle n'attend pas que la lumière lui vienne, elle aime mieux faire la nuit plus noire par ses maladresses.

M. d'Yves s'avança vers le lit et il souleva le couvre-pieds.

— Madame, dit-il, en changeant de voix et d'expression, ce bouquet, ce n'est donc pas le marquis qui vous l'a envoyé ce matin?

Antonia ne répondit pas. Elle ne pouvait comprendre comment M. d'Yves savait que le bouquet fût sur son lit.

— C'est étrange! pensa-t-elle. Éléonore m'avait pourtant bien dit que mon mari n'était pas sorti de sa chambre quand on a apporté ces roses-thé.

Le jaloux avait monté vite dans sa colère. Il saisit le bouquet et il s'approcha de sa femme.

— Répondez donc, madame! D'où vous vient ce bouquet?

Antonia ne pouvait croire encore que ce fût si sérieux. Aussi répondit-elle d'un air dégagé :

— Ce bouquet me vient sans doute de chez la marchande de bouquets.

Cette réponse ne fit qu'irriter encore M. d'Yves. Il agita le bouquet avec fureur.

— Madame! vous me direz qui vous a donné ce bouquet.

Un silence.

— Madame, répondez-moi !

Antonia regarda son mari avec fierté :

— Non, monsieur, je ne vous répondrai pas.

M. d'Yves, aveuglé par le démon de la jalousie, souffleta sa femme avec le bouquet.

La pâleur de l'indignation se répandit sur le visage d'Antonia. Elle ne dit pas un mot, mais son regard et son silence glacèrent M. d'Yves. Il fut effrayé de cet outrage. Il jeta le bouquet, il voulut demander pardon, mais la jeune femme d'un signe souverain lui montra la porte avec tant de grandeur qu'il obéit. Lâchement il s'en alla.

Toutefois quand il fut à la porte il se retourna. Que vit-il?

Antonia s'était penchée pour remasser le bouquet. Elle le baisa et l'appuya sur son cœur.

— Antonia, c'est vous qui m'outragez, dit le mari voulant revenir sur ses pas.

— Monsieur, je vous défends de prononcer mon nom.

Antonia prit sur sa cheminée un petit poignard espagnol qui lui servait de couteau à couper les livres.

Elle eut un sourire d'action de grâce comme si elle eût trouvé une arme de salut.

— Monsieur, ne faites pas un pas ou je me frappe.

— C'est cela, dit M. d'Yves, avec les femmes, avec vous surtout, on est toujours dans une maison de fous. Adieu, madame; je vous laisse en compagnie de votre poignard et de votre bouquet.

La pauvre Antonia se demanda sérieusement si elle ne redevenait pas folle. Elle eût peur et poussa un cri. Mais ni Violette, ni Eva, ni Bérangère ne vinrent pour la consoler.

— Seule ! dit-elle. Seule et folle !

VI

La mort d'Antonia.

Une demie heure après M. d'Yves était chez madame Marquette.

Elle le reçut à son petit lever dans le demi-jour cher aux femmes mûres.

— Bonjour, baron, mes amours. Je ne suis pas encore éveillée, ne faites pas attention si je dis des sottises. Ce n'est pas étonnant, car votre ennemi M. de Sarmates sort d'ici.

— Si matin! Il a donc oublié de rentrer chez lui hier?

— Voyons, pas de cancans. Et vous? quand oublierez-vous de rentrer chez vous?

— Je crois que cela ne tardera pas, car j'ai

mené ma femme hier au bal et aujourd'hui elle a un amoureux.

Madame Marquette secoua ses cheveux épars.

— C'est à moi que vous parlez ainsi ? Écoutez, mon cher baron, vous pouvez me dire qu'on a établi un télégraphe de Paris à la lune, que deux étoiles se sont décrochées pour faire des pendants d'oreilles à mademoiselle Léonide Leblanc, que votre amour m'a refait une virginité, je vous croirai. Mais je ne croirai jamais, même si je le voyais, qu'Antonia a un amoureux. S'il y a un ange au monde c'est bien celui-là. Je vous avouerai même que je ne l'aime que par l'amour des contrastes. Quand je vais passer une heure avec elle, c'est pour lui prendre quelques fils de la Vierge qui voltigent autour d'elle.

Le baron prit un air sceptique :

— Vous voilà toutes avec vos phrases. Antonia veut cacher son jeu mieux que toutes les autres, mais il n'y a pas de secret pour moi.

— Oui, je vous connais, vous avez la prétention d'être de la famille de La Rochefoucauld.

Vous croyez pénétrer les femmes, mais la première venue se moquerait de vous.

— Je vous dis qu'Antonia a un amoureux, si ce n'est un amant. Ce matin elle a reçu un bouquet.

Madame Marquette changea de physionomie.

— Qui vous l'a dit ?

— Je l'ai vu. Bien mieux, elle l'a caché dans son lit quand je suis entré chez elle.

— C'est impossible !

— Vous savez bien que ce mot impossible est rayé par l'amour. Que dites-vous de cette outrecuidance du marquis de *** d'envoyer un bouquet à ma femme ? C'est me braver jusque chez moi.

— Ah ! c'est le marquis ; une fine lame ! je la connais ! Prenez garde à vous.

— Je n'ai pas peur.

— Qui vous dit que c'est le marquis ?

— Cette nuit il a valsé trois fois avec Antonia.

— En effet, c'est sa manière avant d'envoyer des bouquets. Il ferait la fortune d'Isabelle si elle n'était pas faite.

Madame Marquette regarda sérieusement M. d'Yves.

— Vous n'êtes pas mal bête comme cela, mon ami. Vous imaginez-vous donc qu'un bouquet va changer le sort des nations et mettre le feu aux quatre coins du monde ?

— Ma chère amie, vous allez être édifiée par un seul mot; j'ai jeté le bouquet aux pieds d'Antonia : elle l'a saisi et elle l'a baisé.

— Antonia n'a pas fait cela.

— Je vous dis qu'elle a appuyé, toute frémissante, le bouquet sur ses lèvres.

Le baron, quoiqu'il eût l'habitude de tout dire à sa Virginie, eut trop honte de lui pour avouer qu'il avait souffleté sa femme avec les roses-thé.

— Eh bien! reprit madame Marquette, je vous dirai le mot de cette énigme, car pour moi c'est encore une énigme. J'irai voir Antonia à quatre heures.

Mais, quand elle se présenta, Antonia ne voulut plus la recevoir. Elle ne doutait pas qu'elle n'eût été la maîtresse de son mari. Dans l'horrible chagrin qui l'exaltait, elle jura qu'elle ne reverrait plus cette femme.

— Eh bien ! demanda le lendemain le baron à Virginie.

— Mauvais augure, mon cher; elle me ferme sa porte, c'est qu'elle a peur que je découvre son secret si je la vois face à face.

— Sa porte, je vais l'ouvrir, moi !

A la première entrevue avec sa femme, le mari fut d'une brutalité — toute maritale. Il l'accusa, elle ne se défendit point.

Antonia avait déjà dépassé la première station du martyre. Ce que son mari lui fit souffrir, on le dirait mal. Vingt fois, en quelques jours, il força sa porte et la tortura par cette éternelle question :

— Qui vous a donné ce bouquet?

Et vingt fois elle lui répondit par un silence dédaigneux.

Elle était retombée malade. Cette inquisition brutale ce fut la mort. Le délire reprit son âme, elle s'imagina qu'elle était encore dans une maison de fous. Ce qu'il y eut de plus affreux pour elle, c'est qu'elle appela tour à tour la chanoinesse et Bérangère, qui ne vinrent pas : toutes les deux étaient loin de Paris.

Elle écrivit ces quelques mots à Violette :

« *Vous êtes mon ange gardien, je n'ai plus que vous au monde. Sauvez-moi de cet homme qui me tue. Pourquoi me suis-je mariée ! J'étais trop fière et trop libre pour subir le joug. J'ai une maison à moi, et des robes, et des diamants, et des chevaux ! Mais qui me rendra la clef des champs pour courir à pied avec ma petite jupe de laine rouge. Je souffre ! je souffre ! Si j'ai la force j'irai me réfugier dans vos bras.* »

Cette lettre vint trouver Violette au château de Pernand. Elle éprouva un vif chagrin. Elle écrivit à madame de La Chanterie pour lui demander si la pauvre enfant redevenait folle, ou si vraiment elle était déjà malheureuse dans le mariage.

La chanoinesse était en voyage. Ce fut par un journal que Violette apprit le dénoûment de l'horrible histoire d'Antonia. Voici la nouvelle à la main du *Sport.:*

La semaine passée vous avez vu au Bois, dans un coupé jaune, une jeune femme qui était la beauté, le charme et l'esprit en personne, c'était une Italienne qui chantait comme la Patti. On l'avait surnommée Cendrillon tant elle aimait le feu. La mort a couché cette jeune femme dans le tombeau. Ç'a été un coup de foudre ; ses meilleures amies même la pleurent à vraies larmes. Je suis allé hier au Bois : hélas ! tout était à sa place, les femmes du meilleur monde et les femmes du plus mauvais ; on faisait la roue comme de coutume, les sourires devançaient les sourires ; rien n'était changé à cette fête de tous les jours : il n'y avait qu'une femme de moins !

Voulez-vous savoir l'histoire de cette femme ? Elle est morte d'une insulte de son mari. Combien de femmes sacrifiées ! pauvres violettes qui n'ont pu se défendre d'un pied brutal. Cette charmante Cendrillon, qui avait le tort d'être trop romanesque et trop délicate, ne s'imaginait pas qu'un baron n'est pas un gentilhomme, ou plutôt qu'un gentilhomme n'est pas un homme. On venait de lui apporter un bouquet de roses-thé. Son mari rentre sans être attendu ; elle cache le bouquet, mais un miroir la trahit dans cette action toute simple. Pris par la fureur, comme tous les jaloux sans amour, il va droit au bouquet et en soufflette sa femme.

— Madame, je veux savoir d'où viennent ces fleurs.

— Monsieur, je ne vous répondrai pas.

La pauvre femme avait ressaisi le bouquet et le baisait en l'arrosant de larmes.

Le baron lui prend la main et la secoue comme un prunier.

— Madame, je sais tout.

Elle continue à pleurer, c'est toute sa réponse.

Le baron sort. Quand il rentre, il ne parle à sa femme que pour lui parler du bouquet. Elle espère le ramener. Elle essaye un sourire à travers ses pleurs, mais il ne veut ni du sourire ni des larmes.

— Madame, il y a abîme entre nous.

La jeune femme est trop fière pour s'humilier. L'amour qu'elle avait pour son mari n'est plus qu'une arme aiguë qui lui déchire le cœur. Elle pâlit, elle se penche, elle s'étiole sous le chagrin. Et pas une confidente! Un mauvais vent a passé sur elle. Un soir elle se couche, elle ne se relèvera plus. Le mari a beau la voir dans son lit de mort, il dit qu'il ne croit pas à toutes ses simagrées. Vient l'abbé Deguerry. Pourquoi sort-il en pleurant? Pourquoi paraît-elle si heureuse? C'est qu'elle lui a tout dit, c'est qu'il lui a ouvert les bras de Dieu.

Sa mort a été toute chrétienne, elle a recommandé que son dernier lit, le lit du tombeau, fut en satin blanc tout rempli de violettes.

On l'a ensevelie avec un crucifix dans les mains, un beau crucifix d'argent, qui lui venait d'une duchesse italienne.

Elle a fait son testament en quelques mots :

« Je donne tout ce que j'ai à mon frère, si on le retrouve, ou aux pauvres de Paris s'il ne revient pas.

« Je donne mes bijoux à mademoiselle Violette de Parisis, à madame de La Chanterie et à madame Monjoyeux. »

L'abbé Deguerry aurait bien voulu convaincre le baron, mais le baron est un libre penseur qui dit que les chiens et les chevaux ont une âme comme sa femme. Le baron est de la Société protectrice des animaux, mais il bat ses gens, mais il a toutes les cruautés pour ceux qui vivent autour de lui.

Enfin, ce long martyre a fini, la jeune femme est morte hier.

D'où vient qu'à son tour le baron pleure aujourd'hui ? C'est que pour la première fois de sa vie, il a reçu au cœur une blessure mortelle.

On disait pourtant qu'il n'avait pas de cœur.

Cette blessure, c'est un petit billet de sa femme écrit à sa dernière heure, où elle lui dit que ce bouquet ne lui a pas été donné par un amant (la pauvre femme qui était la vertu même), mais qu'elle l'avait acheté pour la fête d'une de ses amies. C'était un bouquet de cinquante francs : si elle l'avait caché c'est parce qu'elle avait peur de l'avarice de son mari.

On assure que le mari, aujourd'hui fou furieux, a été conduit dans une maison de santé.

Le journal ne donnait pas ce billet qui était le secret de la jeune femme, et qui souffletait le baron plus violemment qu'il n'avait souffleté la pauvre créature.

Madame de La Chanterie a pu le lire et en envoyer cette copie à Violette :

Monsieur,

Maintenant que je suis morte, je daigne vous dire la vérité. Le bouquet de roses-thé avec lequel vous m'avez souffletée était destiné à Violette pour le jour de sa fête. Si je l'ai caché à votre approche, c'est que je vous savais avare pour moi. J'ai toujours gardé ce bouquet aujourd'hu flétri ; ne le refusez pas à ma tombe.

ANTONIA.

Violette pleura beaucoup. C'était donc pour elle que cette pauvre Antonia était morte !

Elle commença à croire qu'elle aussi, comme le duc de Parisis, portait malheur à tous ceux qui l'aimaient.

Elle ouvrit un album de photographies et y baisa presque du même baiser la duchesse de Montefalcone et Antonia.

— Pourquoi ne suis-je pas morte aussi, dit-elle, puisque tous ceux que j'aimais sont déjà partis?

Son chagrin fut encore plus profond, quand elle lut ces quelques lignes dans une lettre où madame de La Chanterie lui racontait les funérailles d'Antonia et la folie de son mari :

Pauvre Antonia, elle avait toutes les délicatesses du cœur; elle savait que vous adoriez les roses-thé, mais que vous ne pouviez plus les voir depuis que Geneviève avait failli y trouver le poison! Eh bien! pour votre fête, elle voulait vous envoyer les plus belles roses-thé du monde, pour vous réconcilier avec ces fleurs-là.

— Oui « pauvre Antonia ! » dit Violette.

LIVRE III

L'ESPRIT ET LE CŒUR

Combien d'hommes et de femmes qui sont du genre neutre ! Combien aussi d'hermaphrodites dans les deux sexes ! Combien même qui, pareils au devin Tirésias, sont tantôt hommes et tantôt femmes! Il y a dans l'histoire des époques mâles et des époques femelles. A la Renaissance, il n'y a que des femmes, y compris les papes et les héros; sous la Révolution, il n'y a que des hommes, y compris les filles de joie.

∗∗∗

Beaucoup de ces dames jouent avec leurs amants comme les jongleurs du Cirque avec leurs enfants : elles les adorent, mais elles leur cassent les reins.

∗∗∗

Le plus souvent ce n'est pas l'esprit, c'est la bête qui nous sauve dans nos passions.

***

L'amour est comme le poëte, qui trouve toujours des vers nouveaux avec la même poésie.

***

Tout homme bien doué ici-bas a ses cartes marquées d'avance dans le jeu de la vie. Qu'il les joue bien ou mal, il gagne ou perd fatalement. S'il gagne, c'est la fortune, c'est l'amour, c'est la domination, c'est la célébrité; s'il perd, c'est la misère, c'est la trahison, c'est l'esclavage, c'est le néant.

***

Tous les amours — même l'amour maternel — ont leurs angoisses et leurs déchirements. C'est que Dieu a créé une peine pour chaque joie. La porte du paradis s'ouvre sur l'enfer.

***

Un billet de femme, quelque doux qu'il soit, est une traite à vue : il faut toujours payer, quelle que soit la monnaie.

***

I

Les amis d'Octave de Parisis

uoique Parisis se fût juré de ne pas reparaître à Paris de quelques années, voulant être oublié comme il oubliait lui-même, il se décida un jour à faire un second voyage pour recueillir tout ce qu'il avait de précieux dans son hôtel de l'avenue de l'Impératrice. On sait que Violette n'avait touché à rien dans son cabinet de travail,

qui était tout à la fois sa salle d'armes et son musée.

Ce ne fut pas Violette qui l'encouragea dans ce voyage, mais elle ne s'y opposa pas non plus. Elle lui donna la mission de lui rapporter à elle-même un christ en ivoire, un livre de messe et un rosaire, que sa femme de chambre avait oubliés, quoiqu'elle eût déjà fait trois voyages.

Le soir de son arrivée à Paris, Parisis ne put s'arracher à la tentation de faire un peu de fumée sur le boulevard des Italiens. C'était le soir, il ne serait pas reconnu, il se retremperait pendant une heure dans cette fièvre parisienne. Comme l'ivrogne qui sent le cabaret, Octave n'y résista pas.

A peine se fut-il mêlé à la foule, qu'il fut appréhendé au corps par deux de ses amis, Harken et Montbrun. Il eut beau vouloir garder son sérieux, il eut beau se défendre de leurs provocations, il lui fallut être des leurs pendant toute la soirée.

Voilà pourquoi il passa une heure à Mabille. Comme tous ceux qui vont revoir une comédie à la trentième représentation, il trouva qu'on ne jouait plus bien. Les promeneuses, les causeuses, les danseuses, tout avait perdu son diable au corps.

Il rencontra là le prince Rio, d'Ayguesvives, Antonio et les autres ; il se plaignit que tout manquât d'entrain. Antonia lui dit que c'est parce qu'il n'était plus dans l'action.

— C'est peut-être vrai, dit-il.

Il pensa qu'il avait bien raison de se retirer du monde, mais une belle fille vint à passer qui réveilla en lui le Don Juan qui dormait. C'était une nouvelle venue qui s'appelait tout bêtement Euphrosine. Elle avait quitté, depuis huit jours, un atelier de couturière, elle ne savait pas encore faire sa tête ni sa figure, mais la nature l'avait préparée à tous les triomphes de la courtisane : grande, bien campée, gorge luxuriante, profil grec, cheveux abondants, blond hasardé, dents éclatantes ; il ne manquait à sa bouche que le mot spirituel, mais elle avait déjà le mot insolent.

Il sembla à Parisis, qui savait tout du côté des femmes, que cette fille devait lui apprendre quelque chose. Il l'invita à souper avec lui et ses amis.

— Souper! lui dit le prince Rio, vous ne savez donc pas qu'on ne soupe plus? Nous faisons tous pénitence, nous n'avons plus le sou. Il n'y a plus que le prince Lubomirski qui donne à souper.

On convint pourtant de se retrouver à la Maison-d'Or vers minuit et demi. On convoqua tout le ban et l'arrière-ban de la landwher, les jeunes et les vieux, les adolescents et les pères de famille. Mais c'est à peine si on réunit huit combattants.

Les filles vinrent en grand nombre. Les plus tapageuses de Paris étaient alors mademoiselle Fanny la Charmeuse et mademoiselle Fleur-de-Pêche. Les autres étaient aux Eaux ou dans leurs terres. Plus d'une passait la belle saison à Saint-Lazare. Celles qui tenaient bon sur l'asphalte se disputaient les hommes du turf qui ne craignaient pas de se montrer à Paris en plein été.

Mademoiselle Lucia, surnommée Tournesol ou Phryné, selon le goût de ses amoureux, ne se montrait plus « dans le monde » parce qu'elle était la proie d'un amant de cœur.

Quand on fut dans le n° 6, « qui a tout vu et tout entendu, » Parisis demanda à ses amis comment ils passaient les deux ou trois heures lumineuses de la nuit depuis deux ans qu'il n'était plus le diable à quatre de toutes ces belles folies.

— Mon cher, dit le prince Rio, depuis que nous sommes tous ruinés, nous devenons philosophes. Les uns vont à la politique, les autres aux journaux, les autres à la guerre ; quelques-uns tiennent bon parmi les femmes, mais ce sont les derniers coups d'épée d'une armée qui bat en retraite. La jeunesse dorée de l'Empire a fait son temps. Ça été un feu de paille.

On a beaucoup calomnié cette avant-garde généreuse qui risquait sa fortune et son sang dans les batailles de la vie comme dans les batailles de la guerre, pendant que d'autres, avares de l'avenir, méditaient dans leurs cabinets l'art de faire fortune et de ne pas hasarder sa peau. Faut-il donc vivre dans l'abstinence et dans l'étude pour avoir un caractère ? Vivre de soi et non des autres, n'est-ce pas aussi la sagesse ? Tailler sa voie dans son étoffe sans gueuser celle du voisin, n'est-ce pas suivre sa voie naturelle ?

J'aime peut-être mieux les enfants prodigues que les enfants prodiges. Chaque chose doit venir à point, les fleurs au printemps, les moissons dans l'été, les fruits en automne. Avril ne produit pas sur les branches de ses arbustes les sentences des Sages de la Grèce. La nature n'est encore qu'une belle amoureuse, qui s'épanouit dans le sourire des roses et dans la chanson des oiseaux. Aimer, c'est aussi une science. Quiconque n'a pas eu la fleur, n'aura pas la moisson.

Il est difficile de bien dire quels sont les *crevés*. J'ai souvent soupé en belle et folle compagnie avec des jeunes gens bien élevés, qui avaient fait leurs preuves au lycée et à la salle d'armes. Les pédants me disaient le lendemain :

— Tu as soupé avec messieurs les crevés.

— Pourquoi messieurs les crevés ? demandai-je.

— Tu n'as donc pas vu qu'ils sont morts à toutes les belles choses de la vie ?

— Non, je n'ai pas vu cela, puisqu'ils en parlaient bien.

— Voyons ! la question n'est pas de souper avec les femmes.

— Après minuit, pourquoi pas ? — Et toi, avec qui soupais-tu donc, hier ?

— Moi, je ne soupais pas, je lisais les journaux, j'étudiais la politique.

— Et tu crois que tu as été plus utile à ta patrie que ceux-là qui ont soupé gaiement sans s'indigner non pas contre la force des hommes, mais contre la force des choses.

— Ne les défends pas.

— Pourquoi les attaques-tu ?

— La belle question ! parce qu'ils démoralisent la France avec leurs chevaux et leurs maîtresses.

— Tu veux qu'ils aillent à pied et qu'ils filent de la laine ?

— Non, mais je veux qu'ils soient des hommes.

— Eh bien, mon cher, va un peu leur dire qu'ils ne sont pas des hommes, ils te prouveront qu'ils sont des gentilshommes, à la pointe de leur épée. Sache-le bien : si un seul d'entre eux était lâche, il lui faudrait décamper au plus vite. Rassure-toi, si demain la France est en danger, tu les verras à l'œuvre.

— L'art de vivre ne se compose pas seulement d'un coup d'épée.

— L'art de vivre ! c'est d'être jeune quand on a vingt ans. T'imagines-tu donc d'ailleurs qu'ils ont tout oublié, parce qu'ils soupent gaiement? Mais peut-être que, si tu assistais en même temps à un souper de gens d'esprit patentés, et à un souper de crevés, tu dirais comme La Fontaine : «

Le plus bête des deux n'est pas celui qu'on pense.

— Allons donc, si les crevés ont de l'esprit, c'est sans le savoir.

— Si les autres disent des sottises, c'est aussi sans le savoir. Un jour viendra où tu retrouveras les crevés d'aujourd'hui : les uns sur le champ de bataille, les autres dans la diplomatie, ceux-ci législateurs, ceux-là artistes. Qu'était-ce autrefois que les Byron, les Morny, les La Valette, les Auber, les Saint-Arnault, les d'Orsay, les Roqueplan ! Des crevés ! Crois-tu donc qu'il faille lire les journaux du soir, pour devenir un homme politique ou un homme d'esprit. On apprend la vie en vivant et non dans les théories de quelques envieux qui ne se trouvent pas à leur place. Crois-moi, change d'opinion sur « les crevés. » Ils aiment les chevaux et les femmes, ils aiment aussi les tableaux et les livres. Ils sont aussi bons juges en matière d'art et d'esprit que sur le champ de courses.

— Tu as beau dire, je ne changerai pas d'opinion sur ces messieurs.

— Eh bien! ne change pas d'opinion : puisqu'ils se moquent de l'opinion publique, ils se moqueront bien de la tienne.

Ce soir-là, à la Maison-d'Or, on parla un peu de tout. On en revint à l'éternelle question de la femme, l'art de la prendre, l'art de la quitter.

— L'art de prendre les femmes, dit le prince Rio, c'est de se laisser prendre par elles.

Harken, qui était un fort tacticien, et qui ne passait pas à côté des femmes quand il les rencontrait, demanda la parole, pour ouvrir ses mains pleines de vérités.

— Le mieux, dit-il, c'est de ne pas prendre

les femmes, c'est de ne pas se laisser prendre par les femmes; mais enfin, puisque la véritable ambition de l'homme est de filer aux pieds d'Omphale, même quand il s'appelle Hercule, écoutez mes raisonnements stratégiques. Je ne parle pas ici des caprices qui ne durent qu'une heure, mais des passions qui doivent durer un jour, un mois, un an. Il y a deux espèces de femmes : les femmes du monde et les filles perdues. Or, attaquez les femmes du monde comme vous attaqueriez les filles perdues, et attaquez les filles perdues comme si vous attaquiez les femmes du monde. On ne triomphe jamais que par l'imprévu, les surprises, les contrastes.

On écoutait en silence; Parisis développa philosophiquement les théories de Harken :

— Dans la femme du monde, il y a déjà une grande coquette, le levain de notre mère Ève qui fermente. Dans la fille perdue, il y a encore le vague souvenir du paradis. Parler à la première le langage violent, coloré, apéritif, désordonné, qu'on parle aux demoiselles, c'est donner à sa curiosité du fruit nouveau, l'initier à toutes les hardiesses des fortes-engueule, à tous les propos de coulisse, à toutes les paroles court-vêtues des coquines, c'est la remuer par le danger attrayant d'une vie nouvelle. Au contraire, parler à la femme galante avec la dignité d'un amour contenu et avec le respect de la femme, c'est lui rappeler son origine et lui faire croire qu'au delà du bourbier, il y a encore des horizons.

— Oh! voilà la réhabilitation qui vient ! s'écria le prince Rio.

— Chut ! reprit Parisis. Oui, la réhabilitation ; mais ne confondons pas ! Il faut faire croire à la fille perdue qu'on est sa dupe et qu'on la voit dans l'arc-en-ciel ; mais il faut garder son scepticisme. Il faut la réhabiliter pour elle et non pour soi. Elle tombe toujours dans le piége. Elle est fière de respirer par le souvenir l'air vif des montagnes qu'elle ne remontera jamais. Vous lui dites qu'elle est dépaysée, vous lui dites qu'elle a la nostalgie de l'azur, à elle qui aura toujours la nostalgie du boulevard. Elle s'écrie : voilà enfin l'homme qui me comprend ! Le respect que vous montrez pour son cœur, elle vous le rend cent fois. Vous ne l'avez pas arrêtée dans ses débordements, mais vous êtes son refuge et son phare : sa vraie joie, c'est de se retrouver meilleure avec vous. Si elle est triste, elle veut pleurer sur votre sein. Elle parle tous les jours de sa délivrance : Dieu sera loué, si elle devient assez riche pour ne plus faire son commerce d'amour ! Quel feu de joie le jour où elle brûlera le lit de la prostituée ! C'est alors que l'imbécile se laisse prendre et tue le veau gras de la famille. Mais l'homme fort, comme Monjoyeux, comme moi, comme le prince Rio, comme Harken, école Chamfort et Dumas II, rit de la comédie qu'il s'est joué à lui-même.

L'orateur fut applaudi sur tous les bancs.

— Je n'ai pas fini. N'oubliez pas qu'il faut toujours se payer le luxe de se jouer la comédie à soi-même ; on est tout à la fois auteur, acteur et spectateur ; on se juge, on se siffle, on s'applaudit. Ainsi, quand c'est la femme du monde que vous voulez traiter par dessous la jambe, ne vous abandonnez pas à tout le laisser-aller d'un amoureux qui commence par perdre la tête dans les fumées du vin de Champagne, car plus que jamais il lui faut toute sa raison. La femme du monde aura beau se laisser prendre à l'originalité de l'attaque, elle aura de terribles soubresauts de vertu qu'il faudra vaincre avec une tactique savante. Ce ne sera pas assez de lui parler l'argot de la passion, la langue verte de « la blague, » avec les faits et gestes des irrésistibles de la Maison-d'Or.

Vous ne planterez pas votre drapeau, si vous ne combattez aussi avec une courtoisie cachée.

Parmi ces demoiselles qui étaient venues au festin on remarquait Vas-y-donc, Trente-six-Vertus, la Taciturne, et la Charmeuse qui se trouvait en mauvaise compagnie, mais qui espérait recharmer Parisis.

Mademoiselle Vas-y-donc, la véritable ingénue de la troupe, s'imaginait qu'avec « ces beaux messieurs » cols cassés et gilet en cœur, elle n'avait qu'à ouvrir la bouche pour bien souper et la main pour être riche. Mais elle s'aperçut qu'on ne soupait pas. Ce ne sont plus les femmes qui font pénitence, ce sont les hommes : ils ne montent pas sur la montagne comme les filles de la Bible pour pleurer leur vertu, mais ils chantent sur tous les tons le *de profundis* de leur argent.

— Si c'est une comédie, dit Vas-y-donc, elle elle n'est pas gaie ! Cette maison d'or n'est plus qu'un tombeau. Vite qu'on me ramène à un cabaret du quartier latin. Viens-tu, Trente-six-Vertus?

Celle-ci demandait une paille pour boire un verre d'eau au coin de la table, voulant faire ainsi la critique de tous ces prodigues.

— Non, ne m'attends pas, j'ai manqué le train ce soir comme je l'ai manqué toute ma vie.

— Tu as manqué le train toute ta vie? lui demanda Parisis.

— Oui, mon cher duc, j'étais née pour prendre l'express. Regarde plutôt mes pieds et mes mains ! J'ai pris l'omnibus ! Voilà pourquoi je me suis perdue au milieu de vous autres.

— Va, ma chère, console-toi, le train express n'est pas toujours le train de plaisir. As-tu toujours tes petites nymphes de Diaz? Veux-tu me les vendre?

— Tu ne sais donc pas que j'ai été incendiée?

— Le Diaz a été brûlé?

— Oui, le Diaz, et le Lagrenée, et le Fragonard, tout a été la proie des flammes, comme disent les journaux.

— Qu'est-ce que cela fait, dit la Taciturne, puisque c'était assuré. *J'en accepte l'augure.*

Parisis demanda à la Charmeuse ce qu'elle faisait de sa beauté.

— Rien, mon cher, je me renferme comme un fleuve dans le devoir : je ne sors jamais de mon lit.

Comme la Taciturne, comme beaucoup de ses pareilles, la Charmeuse avait un répertoire de phrases prétentieuses.

On parla du prince Bleu qu'on attendait à Paris. On en avait des nouvelles toutes fraîches par mademoiselle Fleur-de-Pêche. Il lui avait envoyé une photographie qui le representait avec un front magistral dépouillé de cheveux.

— Il doit être bien désolé de n'avoir plus de cheveux dit Fleur-de-Pêche, parce qu'il ne peut plus faire sa raie au milieu du front, lui qui a inventé ça ! Ce que c'est que de nous !

— Après tout, dit Parisis, quand on a fait son temps à Paris, on a bien raison d'aller vivre ailleurs. Nous sommes tous des arbres de serre chaude, plus on nous change de terre et plus nous nous trouvons bien.

— C'est comme moi, dit la Charmeuse.

— Oui, mais tu n'as pas de racines, dit le mari d'une comédienne.

— Va donc, beau maquillé! s'écria la Charmeuse en s'emportant. Va te faire accrocher au mur de ton manoir, comme un portrait de famille à qui il ne manque que la parole.

— Ce n'est pas la gueule qui te manque à toi, ce sont les dents.

— Il voudrait faire croire que je l'ai mordu, il n'est pas dégoûté.

— Tais-toi, si je te montrais quelques portraits de Napoléon tu me suivrais comme un chien perdu.

— Moi! j'aimerais mieux mourir que de toucher à tes cornes d'abondance.

La Taciturne plaça un second mot :

— *Je suis désarmée*, dit-elle.

Octave ne daigna plus se mêler à cette phraséologie. Il voulait avoir des nouvelles de tous ses amis.

Il demande à Montbrun s'il était heureux dans le mariage.

— Oui, répondit Montbrun, on est très heureux avec sa femme à la condition de vivre en garçon.

Ils reparlèrent tous les deux de madame de Revilly. Montbrun avait fini par savoir — le dernier — le secret de l'histoire. Il avait juré qu'il ne reparlerait jamais à Parisis, mais il pratiquait l'oubli des injures.

Et puis, il pensait que la pauvre femme se fut peut-être jetée à l'eau pareillement si Parisis ne l'eût pas humiliée par son amour d'une heure. Et alors, n'était-il pas seul responsable de la mort de sa maîtresse.

— Quelle femme c'était! dit-il à Octave. Tu as eu le droit de la mal juger, mais avant de juger une femme il faut décrocher les balances de Salomon.

Montbrun prit dans sa poche une petite photographie représentant madame de Revilly.

—Tiens la voilà! je la porte toujours sur moi. C'est mon palladium : quand elle est là sur mon cœur, je n'ai peur de rien. Nous avons l'air de rire de tout, mais nous avons tous eu dans notre vie une de ces passions profondes qui nous font superstitieux.

Parisis regarda avec une vive émotion cette femme qu'il avait aimée une heure et qu'il n'avait jamais revue. C'était une des plus charmantes créatures qui aient rayonnées à Paris.

— C'est étrange, dit Parisis, je ne sais si c'est parce qu'elle est morte en se jetant à l'eau, mais il y a dans ce regard profond et passionné je ne sais quoi qui marque sa destinée.

Montbrun reprit tout de suite le portrait comme s'il craignît de le profaner en pareille compagnie.

On reparla aussi de madame d'Argicourt. Elle avait failli mourir deux ans auparavant d'une attaque de petite vérole qui heureusement ne l'avait pas marquée. Pendant quelque temps elle était devenue sérieuse et s'était retirée du monde. Mais fuyant l'amour à Paris, elle l'avait trouvé en province, ce qui la ramena à Paris; car elle jugea que les provinciaux ne savaient pas bien jouer ce jeu si simple et si compliqué.

Parisis, préoccupé à son insu de son prochain

mariage avec Violette, demanda aussi à Harken comment il se trouvait dans le mariage.

On a assisté à ce drame terrible au château de Traversis où M. de Fontaneilles, plus jaloux que jamais, trépigna sur sa femme jusqu'à ce qu'on la trouva morte à ses pieds.

Harken avait été forcé de tout avouer à sa jeune femme, cette jolie Clotilde de Joyeuse, qu'on avait surnommée Joyeuse-Joyeuse. Elle adorait sa sœur, elle adorait Harken, elle pleura beaucoup, mais elle pardonna à la morte et au vivant.

On pourrait croire que le jeune comte, effrayé de son adultère, touché de la douceur de Clotilde, devint le plus parfait des maris. On ne se corrige pas si jeune. Il fut charmant pour sa femme, mais il fut aussi charmant pour les autres femmes.

Il continuait donc sa vie légèrement désordonnée avec ses amis de la Maison-d'Or. Il continuait à souper avec ces dames, à illustrer le numéro 6 ou 16, à courir les coulisses tout en prenant au dehors une figure sérieuse. C'était un homme de beaucoup d'esprit qui tenait la plume aussi fièrement que l'épée. Il avait écrit des souvenirs de voyage dans la *Revue des deux Mondes* et des articles de politique étrangère dans le *Journal des Débats.* Aussi ses amis disaient-ils : Harken devient un homme de cabinet. Mais ses amies disaient : Un homme de cabinet de toilette.

C'était d'ailleurs une nature originale et curieuse. Il lui arrivait çà et là de faire la cour à sa femme — pour changer. — Ce jour-là il se trouvait comme emparadisé et il se demandait pourquoi il était tant l'esclave des mauvaises habitudes. Quelle autre femme pouvait lui donner le charme de cette grâce innée, de cette attitude pudique, de ces yeux purs comme le ciel, de cette bouche fraîche comme le matin ? — Ce charme ineffable que répand la vertu sans le savoir, comme la fleur répand son parfum sans s'inquiéter du vent? Qui sait ? Si le bonheur n'est pas sur la terre, c'est peut-être parce qu'on n'en veut pas ?

Parisis se leva et dit adieu à ses amis.

— A revoir, dirent-ils.

— Non, adieu. J'ai reçu un premier avertissement de la mort. Je ne veux plus me rejeter dans le combat de la jeunesse.

Mademoiselle Euphrosine lui prit le bras, convaincu qu'il ne refuserait pas la bataille avec elle. Mais il lui donna cinq louis d'une main dédaigneuse, en disant : « J'ai couru ma dernière course de haies. »

Il rentra seul chez lui avec l'image de Violette qui lui souriait.

II

Madame de Campagnac

Le duc de Parisis ne passa que trois jours à Paris, plus que jamais décidé à vivre avec Violette dans la solitude de Parisis.

Les amoureux vivent beaucoup du temps passé. Ils égrennent le chapelet des souvenirs avec la religion des choses consacrées. Violette aimait à se retourner vers cette première année de ses douleurs où elle pouvait dire comme Sophie Arnould : « Ah ! c'était le bon temps, j'étais si malheureuse ! »

Elle parlait souvent de madame d'Entraygues ; elle s'en voulait de n'avoir été qu'une fois prier sur sa tombe. C'était aussi un des plus chers souvenirs de Parisis. Vingt fois ils s'étaient reparlé de cette scène dramatique où Octave avait ramassé Violette baignée dans son sang à la porte de la comtesse, avenue de la Reine Hortense.

Chose étrange qui leur semblait providentielle : le coup de revolver que s'était tiré Violette avait frappé sous le sein tout juste à la même place que le coup de pistolet de M. de Fontaneilles avait frappé Octave. La mort n'avait pas voulu d'eux, quoique la balle, de part et d'autre, eût frappé le cœur et la poitrine.

— Nous sommes deux Parisis, dit Octave à Violette. C'est la fatalité qui nous a frappés, par là nous avons payé notre tribut à la légende, nous n'avons plus rien à craindre, nous pouvons nous aimer en toute quiétude.

Ce jour-là, il leur vint une lettre de madame de Campagnac, datée de Moscou.

— Moscou ! s'écria Violette, qu'est-elle donc allée faire là !

— C'est bien simple, dit le duc de Parisis, elle a tourné au romanesque, elle fera le tour du monde pour allumer son cœur jusqu'à ce qu'elle trouve un Kremlin. Lis plus tôt ; tu verras qu'elle est prise par quelque nouvelle passion.

Chère Violette,

Je suis bien triste de ne pas vous voir, vous qui êtes tout ce que j'aime le plus au monde. J'ai tant de choses à vous dire! Et je voudrais tant savoir ce que vous devenez! On me dit que le duc de Parisis est retrouvé. Je ne m'en étonne pas trop; il y a du miracle dans cet homme et il mérite qu'on lui applique ce vers amoureux fait sur le comte d'Orsay :

Il mourut tant de fois qu'il doit être immortel.

C'est à vous qu'est réservée cette immortalité. Si le bonheur vous vient, vous l'avez payé assez cher, ma belle Violette. Tout se paye ici bas, mais surtout le bonheur! J'en sais quelque chose.

Est-ce la peine de vous parler de mes pérégrinations en Calabre, en Hongrie et en Russie? Je ne vous ai pas écrit, parce que j'étais toujours sur le point de retourner à Paris, mais me voilà emprisonnée ici, vous le dirai-je, dans un amour nouveau. Tout le monde me fait fête, on me trouve belle, on m'écoute dire des bêtises et on dit que j'ai de l'esprit. Je n'en crois pas un mot.

Je suis partie de Trieste avec un jeune Hongrois, grand seigneur de la tête aux pieds, qui me met tous les jours sur un piédestal de marbre comme une divinité. C'est une adoration, à ce point qu'il me semble que je ne suis née que depuis que je le connais.

Vous comprenez qu'il m'a fait oublier bien vite l'homme des Calabres. J'ai cela de beau que je ne m'obstine pas dans le mal. C'était décidément un brigand avec beaucoup de circonstances atténuantes.

Nous nous retrouverons cet hiver à Paris où mon bel ami viendra cacher son bonheur. Dites-moi? Est-ce que le Palais Pompéien est toujours à vendre? J'ai écrit à Lesseps qui ne m'a pas répondu. Voyez donc Houssaye ou Quinsonas : nous avons de l'argent plein nos poches. Il est bien entendu, qu'une fois à Paris je ne connaîtrai mon prince que de bien loin. Il faut toujours montrer le pavillon de la vertu. Je m'aperçois que je bavarde, mais nous aurons beau faire, ma chère Violette, notre vertu primitive nous empêchera toujours de mal faire en faisant mal.

Ecrivez-moi bien vite, dites-moi que le duc de Parisis est à vos pieds et dites-lui que je lui rendrai là haut « l'heure du diable. » Il faut bien payer ses dettes.

J'embrasse vos deux violettes, car vos yeux ne sont-ils pas deux violettes de Parme.

P. S. J'allais signer et ne pas vous donner de nouvelles de la poudre de Cagliostro. Sachez donc que me voilà rajeunie de cinq ans, grâce à ce sortilége. Quand vous me verrez, vous n'en douterez plus. Voulez-vous le mot de l'énigme? La poudre de Cagliostro donne le sommeil sans rêve. C'est le repos absolu. Toutes les fatigues visibles s'effacent comme par magie. Pendant un mois je dormais dix-huit heures par jour, je ne me reveillais que pour me rendormir. Il viendra un temps — après le temps des guerres — où on ne se préoccupera plus de faire tuer les gens, mais de les faire vivre dans l'éternelle jeunesse.

Violette passa la lettre à Octave :

— Voilà pourtant votre ouvrage, dit-elle, voilà ce que vous avez fait d'une vertu irréprochable.

Octave se rappela en souriant comment madame Campagnac était venue chez lui, comment elle avait voulu fuir, comment il l'avait retenue au pied de l'escalier. C'était l'histoire de madame d'Entraygues.

Pendant que Violette répondait séance tenante à madame de Campagnac, Parisis, l'insatiable amoureux de toutes les femmes, regrettait de n'avoir pas, comme il en avait eu l'idée, couru les aventures en Russie. Il aimait beaucoup les femmes russes.

Il est vrai qu'il aimait beaucoup les Parisiennes, les Polonaises, les Viennoises, les Italiennes, les Espagnoles et les Irlandaises; les brunes et les blondes, les châtaines et les rousses, mais il faut lui rendre cette justice qu'il avait le culte de la beauté.

La Russie est beaucoup moins loin de la France que l'Allemagne. Entre la France et l'Allemagne il y a les deux rives du Rhin, rives de deux mondes; entre la France et la Russie, il y a le trait-d'union de l'esprit. Jamais deux peuples n'ont été plus près de s'entendre et de se confondre. Ce ne sont pas les mêmes lois, mais ce sont les mêmes mœurs. Les mœurs font les lois. Où parle-t-on bien la belle langue du dix-septième siècle, si ce n'est en Russie ? On a dit : « Grattez le Russe vous trouverez le Cosaque. » On pourrait dire : « Grattez le Russe vous trouverez le Français. » En quel pays nos artistes sont-ils mieux accueillis ? Les traditions de la grande Catherine sont toujours vivantes. Diderot et Voltaire ont encore droit de cité dans le palais impérial. Qui donc protége mieux les gens de lettres que la grande-duchesse Hélène, qui protége mieux les peintres que la grande-duchesse Marie ? Mademoiselle Rachel, qui avait fait le tour du monde, disait que la Russie seule l'avait traitée en enfant gâté. La Patti en revient toujours constellée, Théophile Gautier s'est présenté dix ans à l'Académie française, il a été le premier jour de l'Académie de Saint-Pétersbourg. On pourra dire longtemps encore : *C'est du Nord aujourd'hui que nous vient la lumière.*

C'est que les Russes se préoccupent beaucoup des choses de l'esprit, tandis que les Français de l'heure présente se préoccupent beaucoup des choses de l'argent. Le loisir fait le philosophe et l'homme du monde. Paris n'est plus qu'une immense roue d'Ixion. Aussi les chercheurs de romans seront bientôt obligés de s'expatrier pour trouver des aventures.

Les femmes les plus romanesques du globe sont les Polonaises, mais les Russes ne donnent pas leur part à leurs voisines. Celles-là aussi savent courir toute la gamme de l'amour. L'hiver à la cour, l'été dans leurs terres, elles bâtissent des châteaux en Espagne sur le sable mouvant des voluptés. Les unes se contentent du rêve, disant comme Gérard de Nerval, et madame de Montmartel : « Le rêve c'est la vie ; » les autres vont plus loin ou plus près, comme madame de Campagnac : elles étreignent leur passion, mais tout en poursuivant leur idéal.

III

Madame de Montmartel.

Les grands libertins comme les grands conquérants s'imaginent volontiers qu'ils ont des bras pour étreindre le monde. Octave était désespéré quand il voyait passer une belle femme qui ne devait pas se retourner pour lui. Il lui semblait que c'était du bien pour lui.

Quoique madame de Montmartel fût très-contente de voir Violette aller à sa destinée, elle ne lui cacha pas qu'elle était désolée de la perdre. Elle désespérait de la revoir à Paris, elle la savait trop sauvage pour ne pas juger que la vie rustique l'emprisonnerait doucement au château de Parisis. Il lui fallut donc se tourner d'un autre côté, puisqu'elle n'avait plus sous les yeux cette adorable figure qui était le seul charme de son cœur et de son esprit.

Elle se hasarda encore en quelques aventures périlleuses où elle eut l'art des plus provocantes coquetteries, parce qu'elle avait l'art de battre en retraite.

Elle écrivait à Violette : « J'ai trois amoureux sur les bras : le prince Rio, qui ne désespère jamais — le duc d'Ayguesvives, qui a la fatuité de croire à son triomphe — et un ambassadeur qui me demande ses lettres de rappel. N'ayez peur, chère Violette, je sortirai de là blanche comme neige, mais je ne réponds pas de l'austère vertu de mademoiselle Charmide ? »

Charmide était donc toujours l'habilleuse et la déshabilleuse, la confidente et la plume de madame de Montmartel. On a oublié de dire qu'elle l'avait quittée un instant pour tenter encore les hasards de la vie galante, mais elle lui était revenue bien vite, ne sachant plus se conduire toute seule.

La comtesse, de plus en plus paresseuse, la prenait à toute occasion pour la remplacer. Elle lui donnait ses robes, si bien qu'avec un voile, Charmide pouvait aller à l'Opéra dans la baignoire de madame de Montmartel. C'était comme reporter. Elle lui disait les nouvelles après avoir bien fait causer l'ouvreuse qui connaissait tous ces messieurs de l'orchestre. Elle lui dépeignait toutes les toilettes; elle lui faisait gaiement la caricature de toutes les bourgeoises endimanchées les vendredis. Le lendemain, mademoiselle Charmide allait au sermon; autre spectacle, autre récit. Sans compter qu'elle faisait un peu le salut de la comtesse. Pareillement, au bois, dans un petit coupé du soir, dont on fermait bien les glaces.

Et toujours mademoiselle Charmide écrivait les lettres.

M. de Montmartel avait fini par voir le jeu de sa femme. Il tentait toujours de la ramener, je ne dirai pas à la raison, mais aux préjugés de la raison : il perdait son éloquence. Elle le bravait si gaiement qu'il riait lui-même. Il avait pris quelqu'amitié pour Charmide, parce qu'il comprenait bien la situation : par la même raison que les torts de madame de Neërs étaient expiés par sa femme, les torts de sa femme seraient expiés par Charmide.

Singulière créature que celle qu'on surnommait la Messaline-Blonde.

Elle s'amusait à faire manger à mademoiselle Charmide les plus beaux fruits, à lui faire boire les vins les plus rares avec le même plaisir qu'elle eût éprouvé elle-même, ce qui la dispensait d'avoir mal à l'estomac. Et ainsi de tout.

Naturellement, il y avait des points délicats. Exemple :

La comtesse, par la plume de Charmide, s'était amusée à donner des rendez-vous à la Cascade, vers la nuit tombante, au duc d'Ayguesvives et au prince Rio. S'ils étaient heureux tous les deux, vous n'en doutez pas. Arriver enfin à dompter cette indomptable, à briser l'éventail de cette coquette! Vous voyez d'ici Charmide arriver sentimentalement dans une robe noire de la comtesse, avec une perruque blonde sous un voile noir, s'approchant de l'un pour lui dire : — Chut! Le duc d'Ayguesvives nous regarde. Allant à l'autre et lui disant : — Prenez donc garde, le prince Rio est là. Puis, courant à sa voiture, sachant bien qu'ils la suivraient tous les deux : — Quel est celui de vous deux, messeigneurs, qui viendra souper à la Tour de Nesle? — Et ils reconnaissaient Charmide et ils juraient, mais un peu tard, qu'on les y prendrait encore.

Ce que madame de Montmartel aimait surtout, c'était le spectacle de la vie. Elle voulait bien faire la comédie, mais n'y pas jouer son rôle. Elle comparait ses acteurs à des marionnettes qui obéissent à un fil — le fil que Dieu donne à retordre.

Madame de Montmartel se donnait le plaisir des dieux : la contemplation. Elle ne se mêlait aux choses humaines que du bout des lèvres, des gants et des pantoufles. Un dédain majestueux !

Et pourtant, quand Charmide la déshabillait le soir et qu'elle lui disait avec une admiration sceptique : — Oh! madame, que vous êtes belle,

Messaline-Blonde se regardait dans sa

Psyché, de face, de profil, de trois-quarts, vêtue de ses cheveux, de ses pantoufles et de sa chemise transparente. Elle revoyait ses adorables airs de tête, ses seins de marbre rosé, son cou voluptueux, ses hanches savoureuses, ses jambes finement sculptées. Elle voyageait complaisamment dans cette géographie amoureuse et quand elle avait fait — le tour du monde, — elle s'écriait en songeant à ses amoureux :

— Ils m'aiment sans m'avoir vue ! S'ils connaissaient mon âme et mon corps !

Et elle se disait qu'elle avait peut-être tort de ne pas vivre de la vie comme elle vivait du rêve, de ne pas prendre et donner, de ne pas se jeter éperdûment dans l'action.

Mais sa chair était de pierre.

— Non, non, jamais ! s'écriait-elle. L'esprit de Messaline, mais le corps de Diane !

Et elle baignait son esprit dans les claires fontaines des forêts.

Mais cet esprit perverti à jamais s'égarait bientôt sous les ramées amoureuses où les nymphes de Diane vont dormir sur le même lit.

IV

L'hôtel du plaisir mesdames

Mille et une questions ont été posées devant *l'hôtel du plaisir mesdames*. Que se passait-il dans cette petite maison mystérieuse où venaient tant de belles dames du beau monde ?

Il avait été loué par la comtesse de Thorshawen, qui, certes, ne songeait pas y créer un club de femmes. Elle voulait s'y cacher avec le duc de Parisis pour y vivre dans l'amour le plus secret : « Ferme la porte de ton bonheur » dit le proverbe arabe.

Mais quand la Femme de Neige eut fermé la porte, ce fut pour s'en aller. Sa destinée à elle aussi était de pleurer, elle ne devait qu'un seul jour étreindre son idéal.

On sait qu'elle retourna en Suède pour une sœur malade, qui, sans doute, fût morte loin d'elle, car la comtesse de Thorshawen rappela à cette jeune sœur un amant qui la fuyait. A force d'amour on la sauva d'un mortel délire.

La Femme de Neige fut quelques mois sans revenir à Paris. Elle rappela Parisis, deux fois il refit le voyage de Norwége. Fût-ce pendant ces deux absences que mesdames de Montmartel et ses amies vinrent faire leur sabbat à *l'hôtel du plaisir mesdames*?

Et quel était ce sabbat? Avait-on voulu instituer la franc-maçonnerie des femmes? Avait-on voulu fonder un club? — Le club de *ne me suivez pas jeune homme,* — où on lirait es vers de Sapho, où on dirait du mal des hommes?

Il y a bien des versions sur ce grave mystère. Beaucoup d'hommes politiques s'en sont préoccupés comme d'une affaire d'État. On a failli faire à ce propos une interpellation à la Chambre.

Après tout, on avait peut-être tort de s'indigner et de s'écrier : *O tempora! ô mores!* car le loup était peut-être dans la bergerie. Qui vous dit que lord Sommerson, pseudonyme du duc de Parisis, ne fût pas là quand venaient ces dames? C'était peut-être lui qui présidait le club! Pourquoi n'y serait-on pas allé? Pourquoi n'en serait-on pas revenu en tout bien tout honneur?

Octave de Parisis avait toutes les qualités d'un don Juan contemporain : il ne parlait jamais de lui; il n'a pas conté une seule de ses bonnes fortunes; les femmes seules ont fait sa renommée. Il dédaignait les vanteries de club. Ceux qui ont une aventure avec une femme, la chantent par-dessus les toits; ceux qui en ont beaucoup, font le silence sur leurs actions.

Quoique Parisis fût quelque peu fier d'avoir été tant aimé, il avait de plus hautes ambitions que celles d'avoir triomphé dans l'armée des femmes. Voilà pourquoi il ne s'enorgueillissait jamais de ses prouesses galantes.

Violette, jalouse du passé, le questionnait souvent sur ses souvenirs, en ayant l'air de ne s'y intéresser que comme à un roman étranger; mais jamais Parisis ne voulait répondre. Il avait pour habitude de dire que le livre de sa vie était comme une glace qui ne grave pas les figures. Une femme en chassait une autre, à peine s'il lui restait trois ou quatre souvenirs toujours vivants.

On avait beaucoup parlé à Violette des orgies de l'*hôtel du plaisir mesdames*. Elle n'en croyait rien. Elle n'y avait vu que la maison de la Femme de Neige, où Parisis recevait mystérieusement les femmes comme il l'avait reçue elle-même. Elle supposait que quelques-unes y étaient allées, sans être pour cela la maîtresse du maître de céans.

Elle avait questionné ses amies, aucune ne disait la même chose. Elle questionna Parisis qui, ne voulant pas sans doute réveiller sa jalousie qu'il connaissait bien, refusa toujours d'être explicite sur ce point.

Depuis un an l'hôtel est fermé aux aventures. Il est devenu l'habitation d'un docteur américain qui y vit en famille, dans la pieuse rigidité des protestants. Ainsi va le monde.

Que sont devenus les quatre portraits; —

Violette, — madame d'Entraygues, — Geneviève, — la Femme de Neige ?

La sœur de madame de Thorshawen, qui n'est pas consolée encore de l'avoir perdue et d'être arrivée trop tard à son lit de mort, a fait vendre à l'hôtel Drouot le mobilier de *l'hôtel du plaisir mesdames*, quoique beaucoup de choses fussent bien plus au duc de Parisis qu'à la comtesse de Thorshawen.

C'était dans la mauvaise saison des ventes : les quatre portraits ont ravivé le feu des enchères, les trois premiers sont aujourd'hui dans le cabinet d'un de mes amis, le dernier a été racheté par la sœur de la Femme de Neige.

Ce qui est hors de doute, aujourd'hui, c'est que le secret a été bien gardé, non pas par le silence, car les femmes parlent toujours ; mais madame de Montmartel et ses amies se sont amusées malicieusement à tant d'histoires invraisemblables, sur *l'hôtel du plaisir mesdames*, que les historiens futurs y perdront leurs lanternes sourdes.

J'ai peur pourtant qu'ils ne disent comme Diogène : « Je cherche un homme. »

V

Le tribunal de la pénitence.

Madame de Montmartel entraîna un jour madame de Neërs au château de Pernand, sous prétexte d'aller voir leur mère à Tours. Sa sœur était chez elle qui s'ennuyait : son mari ne lui permettait plus d'appartement à Paris; Hélène ne trouva rien de mieux que de la faire voyager. D'ailleurs c'était toujours pour elle un vif plaisir de voir Violette.

Voilà pourquoi un matin le duc de Parisis venant voir Violette à Pernand, les trouva toutes les trois qui déjeunaient gaiement en partie carrée avec le curé.

Le curé de Pernand était un mondain s'il en fût. Il avait étudié à Saint-Sulpice et il avait échoué dans cette petite cure, tout perverti encore par les bruits surexcitants de la grande ville. Je crois que s'il avait pu sauter par la fenêtre la nuit comme l'abbé de Boufflers, il ne fût pas rentré par la grande porte.

Dès que Parisis revoyait des femmes, il aimait un peu moins Violette tant son esprit était aux aventures.

Il se mit à table quoiqu'il eût déjeuné, pour monter un peu le diapason de la causerie. On débita mille folies sous la sauvegarde du curé qui riait sans vergogne, tout en jetant çà et là un chut ! après le mot parti. Un vrai curé de l'école de Rabelais, sentimentalisé par Lamartine et Lamenais.

Madame de Montmartel lui fit des avances, lui disant qu'avec un curé comme lui on ne pouvait pas manquer de faire son salut, — que sa figure était un appel au confessionnal, — et autres pierres plus ou moins précieuses dans le jardin du presbytère.

Madame de Neërs, qui gardait toujours je ne sais quelle expression d'austérité, dit que sa sœur était une folle, mais que sérieusement, quant à elle, elle irait se confesser le lendemain, parce qu'elle ne passait jamais dans un pays nouveau sans communier.

— O grande voluptueuse ! lui dit en riant Hélène, tu crois que dans chaque pays Dieu a une autre saveur.

Le lendemain naturellement le duc de Parisis vint de bonne heure. On n'avait pas réinvité le curé à déjeuner, mais il y vint sous prétexte de savoir à quelle heure il confesserait, non-seulement les deux sœurs, mais Violette elle-même.

Octave lui répondit d'abord par une coupe de vin de Champagne.

Les trois femmes décidèrent qu'elles se confesseraient à deux heures. Elles étaient encore dans le déshabillé du matin, elles voulaient avoir le temps de s'ajuster avec quelque sévérité.

Elles se levèrent bientôt de table pour monter dans leurs chambres. Octave resta à table avec le curé.

Il faisait chaud, le vin de Champagne était frappé, on en buvait toujours. Tant et si bien, que M. le curé se trouva étourdi et s'en alla d'un pied mal affermi. Je suis bien loin de lui en vouloir faire un crime : le vin de Champagne n'est pas un péché en Bourgogne.

Octave l'accompagna jusqu'à l'avenue, lui conseillant d'aller faire la sieste pendant une heure.

Or, le curé fit la sieste pendant deux heures.

Il se passa alors — bien naturellement — un sacrilége dont les bons catholiques s'indigneront avec justice.

Le duc de Parisis qui était un mauvais catholique, prit les devants avec la vague idée de faire quelque gaminerie à ces dames. Sans doute il ne voulait d'abord que voir de près une femme qui va à confesse et qui en revient, mais il y avait en lui un philosophe curieux qui voulait savoir jusqu'où va l'humilité, le mensonge, l'expansion de la femme.

— Quel grand crime après tout, se disait-il, que d'interroger ces trois femmes que j'ai aimées devant le tribunal de leur conscience.

Il ne songeait pas que ce pût être un crime de lèse-majesté divine.

Mais si le curé allait survenir? Eh! bien, il lui dirait qu'il tentait une première station vers la foi chrétienne, lui qui passait pour un athée.

On sait que les églises de village sont tout à fait désertes, surtout pendant la moisson. Parisis alla, comme s'il faisait une répétition, s'asseoir au confessionnal ; il ferma la porte sur lui ; il s'y oublia bientôt dans je ne sais quel rêve religieux et philosophique. En toutes choses il cherchait le commencement et la fin.

Tout à coup, il entendit venir les trois amies, c'est-à-dire qu'il entendit rire et parler madame de Montmartel, car madame de Neërs et Violette étaient presque toujours graves et silencieuses. Il ne bougea pas.

Après une prière, elles avancèrent vers le confessionnal, se poussant l'une l'autre, comme si chacune voulut en faire les honneurs.

— Monsieur le curé nous attend, dit madame de Neërs.

Parisis avait soulevé le rideau qui fait face pour prouver que le prêtre était à son poste.

Ce fut madame de Neërs qui passa la première, entraînée par son amour pour les saintes expansions.

Je ne voudrais pas trahir le secret de la

confession; mais je dirai pourtant que la marquise s'humilia profondément dans son péché. Elle ne chercha pas à se faire meilleure qu'elle n'était, elle avoua que la luxure lui troublait le cœur et l'âme, que l'amour de Dieu ne pouvait la défendre de l'amour des hommes, que son cœur dominait son esprit, qu'en certaines heures elle oubliait tout, même en voulant s'attacher à la croix. Ses heures d'ivresse passées, elle s'indignait contre elle-même, elle se jetait le front contre terre, elle versait les larmes du repentir. Voilà pourquoi elle espérait que Dieu, dans sa miséricorde, aurait pitié de ses misères.

Madame de Neërs parlait pour tout dire.

A cette confession, Octave fut ému. Il n'avait jamais compris la marquise, elle se dévoilait à lui telle qu'elle était, sans vouloir rien cacher. Dieu l'avait créée ainsi, vainement elle avait lutté contre le mal, elle y succombait avec délice et avec douleur, mais après la chute, elle remontait fièrement sur son piédestal de marbre, bravant les passions après les avoir subies.

Madame de Montmartel se présenta de

l'autre côté comme si elle ne voulut pas être imprégnée des péchés de sa sœur.

— Mon père, je suis bien ce que vous a dit la pécheresse qui vient de s'agenouiller devant vous. Qu'est-ce que son crime auprès du mien ? Chez elle, l'esprit est toujours en Dieu et à Dieu, le corps seul succombe à la tentation. Chez moi, c'est le contraire. J'ai la fierté du corps, mais je n'ai pas la fierté de l'âme. Mon âme ne sera jamais assez pure, car elle a toujours été rebelle au bien. Les rêves les plus ardents de la volupté m'ont envahie et m'ont enivrée. J'ai ébauché mille passions, j'ai dit comme le philosophe : Il n'y a en ce monde que des commencements. La fin sera la vengeance divine — si Dieu se venge !

Parisis n'avait jamais pu savoir le dernier mot de son aventure au bal de l'Opéra avec Messaline-Blonde. Il se flattait encore que ce n'était pas Charmide qui lui avait fait jeter un poignard d'or au milieu des quadrilles.

— Ma fille, dit-il à Hélène, vous avez raison de vous trouver coupable, puisque vous avez empreint votre imagination des coupables images de l'amour. Mais, dites-moi, est-il possible que cette âme pécheresse n'ait jamais entraîné le corps.

— Jamais, mon père. J'ai été accusée entre toutes les femmes de Paris. On m'a donné dix amants, j'ai eu cent amoureux. Par malheur, je n'ai jamais eu le souci de ma dignité. Je me suis compromise par mes regards, par mes provocations, par mes coquetteries, par mes promesses, par mes paroles et par mes écrits : c'était la plume de ma femme de chambre, mais c'était mon esprit qui écrivait. Plus d'une fois mon mari a failli me tuer ; certes il n'était pas trahi dans le sens brutal du mot, mais je reconnais qu'il avait droit de me tuer, puisque l'odieux soupçon a plané sur ma maison.

Octave n'était pas encore convaincu. Il osa dire ceci à Hélène :

— Le bruit m'est venu d'une de vos aventures avec le duc de Parisis, quand il se cachait sous le nom de lord Sommerson.

— Qui a pu vous dire cela, mon père ? Est-ce que Charmide s'est confessée à vous ?

— Non. D'ailleurs, que vous importe ? Je ne suis pas étranger aux choses de Paris. Je ne vous accuse pas, ma fille, mais votre confession m'est précieuse, puisque je vois en vous une nouvelle marque de l'esprit de Dieu.

— Je vous jure, mon père, que mon esprit seul a péché. Je crois que j'ai un peu le diable dans l'âme. Jusqu'au jour où la foi chrétienne l'aura jeté à la porte, je resterai malgré moi soumise à ses entraînements. Tous les matins je m'embarque sur le navire pavoisé, je m'abandonne avec volupté au premier bercement des vagues, croyant toujours que je pars pour arriver; mais je n'arrive jamais. Le duc de Parisis, puisqu'il faut vous le dire, a eu à l'Opéra une aventure avec ma femme de chambre. Mais je suis moi-même coupable, parce que c'est moi qui ai préparé la comédie.

Ici ce fut le confesseur et non la pécheresse qui fut humilié.

A madame de Neërs, Octave n'avait pas donné l'absolution; à madame de Montmartel, il ne la donna pas non plus.

A la première il avait dit :

— Je vous donne tout un jour pour méditer contre les tentations corporelles.

A la seconde il dit :

— Je vous donne un jour et une nuit pour méditer contre les tentations de l'esprit.

Vint le tour de Violette. Celle-là, il la connaissait bien; elle ne pouvait rien lui apprendre.

— Ne dites pas un mot, murmura-t-il. Je vois votre âme comme dans un miroir. Le duc de Parisis vous a remis votre péché, puisqu'il a péché avec vous. Je vous donne l'absolution.

Violette sortit après une prière, les larmes dans les yeux.

Le duc de Parisis était très surpris de n'avoir pas vu venir le curé. Il avait été sans doute plus loin qu'il ne voulait, mais il ne craignait pas les foudres de ce brave homme de prêtre, qui n'oserait pas parler de cette comédie sacrilége à son évêque.

Les trois amies étaient sorties de l'église. Il les rejoignit à mi-chemin du château.

— Eh bien! dit-il, comme s'il ne voulût pas garder plus longtemps cela sur la conscience, vous ne savez pas ce qui m'est arrivé? M. le curé faisait la sieste, quand vous êtes entrées : ce n'est pas lui, c'est moi qui méditais dans le confessionnal, par désœuvrement.

Les trois femmes se récrièrent.

— Indignez-vous tant qu'il vous plaira : c'est moi qui vous ai confessées, sans le vouloir. Vous ferez bien de ne pas vous en vanter, ni moi non plus. Vous ne m'avez d'ailleurs appris que ce que je savais.

Madame de Montmartel se pencha à l'oreille d'Octave :

— Vous auriez bien voulu savoir la vérité sur la loge de l'Opéra, mais pas si bête !

— Quoi, madame, dit le duc de Parisis en jouant la gravité, vous n'avez pas dit la vérité au tribunal de la pénitence !

— Impie que vous êtes ! je vous avais reconnu.

C'était une nouvelle forfanterie d'Hélène, car elle n'avait pas reconnu Octave dans le confessionnal.

VI

Mademoiselle Camille.

Les deux sœurs ne passèrent que deux jours à Pernand, où elles étaient venues incognito, prenant le chemin des écoliers pour aller chez leur mère, sans avertir M. de Montmartel ni M. de Neërs.

Quoique tout à son amour pour Violette, le duc de Parisis s'effraya d'être toujours si faible devant la femme. Il faillit reprendre feu pour madame de Neërs, comme pour madame de Montmartel : celle-ci, parce qu'elle avait été à lui; celle-là, parce qu'elle était indomptable.

Je ne répondrais pas que madame de Neërs, après la confession, n'eût passé un mauvais quart-d'heure avec lui si elle fût restée plus longtemps.

Que si vous voulez encore une fois voir madame de Neërs succomber à la tentation, je vous dirai son histoire avec M. de Berthald et mademoiselle Camille.

Le lecteur le moins curieux sera bien aise de savoir l'état social et les états de service de M. Albert de Berthald. Son nom de baptême était Adalbert, mais il n'avait porté ce nom qu'en province. C'était un Lorrain naguère très catholique et très décentralisateur ; mais Paris l'avait métamorphosé : il était devenu sceptique, il ne croyait plus qu'à la centralisation au point de vue de la politique, comme au point de vue des arts et des femmes.

Comme il n'avait que cent mille livres de rente, on avait voulu qu'il fît quelque chose. Qu'est-ce que cent mille livres de rente aujourd'hui, que l'année se compose de trois cent soixante-cinq jours de luxe et de charité? Adalbert de Berthald, par la protection d'un ministre, d'un sénateur et d'une comédienne, avait été nommé auditeur au conseil d'État. Total, cent mille francs de rente, plus dix-huit cents francs : c'était bien commencé. Mais on jugea que s'il avait l'oreille des auditeurs, il n'avait pas l'oreille des conseillers d'Etat. On lui conseilla de se faire nommer conseiller de préfecture, c'était revenir à la décentralisation, d'autant qu'il fut nommé dans une ville du midi — sur la recommandation du comte de Montmartel. — Il faut bien faire son chemin quand on n'a que cent mille livres de rente.

Je ne sais pas si le préfet d'Albert avait besoin de ses conseillers; ce qui est certain, c'est qu'Albert avait pris l'habitude de décentraliser beaucoup à la Maison-d'Or, au café Riche et au Petit-Moulin-Rouge. Pour prouver qu'il était de la province, il déjeûnait au café de la Madeleine avec MM. les Préfets; c'était tout ce qu'il pouvait faire pour eux.

Aussi s'attendait-il tous les jours à être destitué ou à être nommé sous-préfet. Il aimait autant l'un que l'autre. Sous-préfet, il se consolait dans l'ambition; destitué, il se consolait dans ses cent mille livres de rente; en disant à sa famille : « J'ai tout tenté à Paris et en province; je m'en lave les mains. »

Donc, quoique conseiller de préfecture à

deux cents lieues de Paris, il était resté Parisien par droit de conquête. Il avait gardé au Rond-Point des Champs-Elysées son appartement, ses domestiques et ses chevaux, ne songeant pas à faire figure en province comme les ambitieux vulgaires.

Sa figure fine et fière avait plu à Parisis quand il se cachait sous lord Sommerson. C'était à peu près le seul ami nouveau qu'il daignât voir parmi les anciens.

Sa véritable ambition, c'était la femme. A Nancy, il avait passé sa première jeunesse dans l'étude et la foi, vivant familialement sous la tutelle d'une mère sévère, un peu cousine des de Maistre. Aussi, dès son arrivée à Paris, il avait joué l'enfant prodigue avec une abondance de cœur tout à fait édifiante. Quoiqu'en jetant son feu, il jetât aussi son argent, il réussit beaucoup plus auprès de ces dames, parce qu'il était beau que parce qu'il était riche. Ces dames ont aussi leur volupté. Entré au Jockey-Club comme le prince de Broglie entra à l'Académie, il prit ses amis parmi les jeunes gens les plus à la mode. Fêté dès la première aventure dans un flux de femmes de théâtre, il ne lui fallut pas dépenser beaucoup de rhétorique pour les vaincre, je me trompe, pour être vaincu. Il s'imaginait qu'il les prenait, quand c'était lui qui se laissait prendre.

M. de Berthald n'avait réussi qu'à moitié parmi les femmes du monde dans ses stratégies galantes, il s'était rejeté parmi les comédiennes, surtout après avoir échoué devers madame de Montmartel.

Si, parmi les femmes du monde, l'argent est un mauvais maître, parmi les comédiennes l'argent est un bon serviteur. M. de Berthald sut s'armer à propos de vingt-cinq louis pour désarmer les vertus de coulisses, formulant cet axiome : toute femme cotée à la bourse de l'amour cinquante louis, se donnera pour cinq cents francs quand elle n'a rien à faire.

Il avait, depuis quelques semaines, affiché pour maîtresse une très jolie fille qui jouait les travestis avec beaucoup d'entrain.

Il devait aller chasser huit jours dans le domaine familial, en l'absence de sa famille, avec des camarades.

— Ne suis-je pas ton camarade ? lui dit mademoiselle Camille.

— Oui, camarade de chambrée, mais tu jetterais le désordre parmi nous. Et puis les portraits de mes ancêtres, qui s'ennuient là-bas, descendraient de leurs cadres pour te mettre à la porte.

— Es-tu bête ! ils ne me reconnaîtraient pas : je m'habillerais en chasseur, ils croiraient que c'est Robin des Bois.

— C'est une idée.

M. de Berthald ne réfléchit pas longtemps, il subit la volonté de mademoiselle Camille. Du moment qu'elle serait en homme les gens du château ni les gens du pays ne pourraient crier au scandale. Ne lui serait-il pas très doux de battre la campagne le jour avec un si joli camarade et de braver les fantômes la nuit avec une si jolie maîtresse.

Les voilà partis. Ils devaient retrouver là-bas, dans le château voisin, les autres camarades.

Au chemin de fer on prit un coupé, on descendit à Épernay pour que le vin de Champagne fût de la partie ; on rit beaucoup, on dormit un peu. On s'arrêta à la station de Champigneules et on se fit conduire en poste avec des grelots jusqu'au vieux château qui ne riait pas.

Les serviteurs firent fête à leur jeune maître, qui leur ordonna de traiter son ami, le marquis d'Aix, comme un personnage digne de tous leurs respects.

Camille marcha le front haut, jouant son rôle comme sur les planches, parlant haut, marquant ses points et virgules par des ventrebleu et des sacrebleu, demandant du vin du Rhin, disant que le vin de la Moselle est un vin de femme, en un mot toutes les malices de la cabotine.

Quand vinrent les camarades du voisinage, elle avait pris pied dans le château. Elle se croyait si bien le marquis d'Aix, elle était si sûre de son jeu, que M. de Berthald ne jugea pas à propos d'avertir ses amis. Il leur présenta sa maîtresse comme un échappé du lycée qui passait son baccalauréat dans les coulisses des Bouffes-Parisiens.

Tout servait Camille dans ses métamorphoses. Elle avait, deux ans plus tôt, teint ses cheveux noirs en blond; voulant redevenir brune il lui avait fallu couper ses cheveux, si bien qu'elle était coiffée à la Titus. On pouvait dire aussi de sa gorge qu'elle la portait à la Titus : toute jeune encore elle n'était femme qu'à moitié, ses hanches seules pouvaient accuser sa féminerie, mais les chasseurs n'y regardaient pas — de si près.

On mena vie joyeuse pendant huit jours. La chasseresse portait gaillardement son fusil, tantôt à pied, tantôt à cheval, se montrant vaillante en toute aventure. Elle avait tué des lièvres, un chevreuil, des canards sauvages. Le soir, on portait des toast au marquis d'Aix comme à un jeune prodige. M. de Berthald était plus amoureux que jamais.

Mais, voilà qu'un matin, pendant qu'il dormait avec son camarade de chambrée, sa sœur arrive, avec une de ses amies, sans tambours ni trompettes.

Cette amie, c'était la marquise de Neërs.

Grand émoi et grande surprise au château. M. de Berthald songea d'abord à faire disparoir les pièces du procès. Il entendait déjà l'acte d'accusation de sa sœur. Quoi! lui criera-t-elle, tu viens ici sans foi ni loi, profaner le foyer des aïeux. Quoi ! ce château où nous sommes nés, tu ne crains pas d'y amener ta maîtresse?

M. de Berthald ne doutait pas que là où les hommes n'avaient pas reconnu une femme, les femmes reconnaîtraient leur pareille.

Mais comment faire comprendre à mademoiselle Camille, qui ne pouvait pas se réveiller ce matin-là, qu'il lui fallait à l'heure même prendre son billet pour Paris? C'était manquer à toutes les lois de l'hospitalité lorraine.

En effet, quand son amant lui parla timidement de cet horizon, mademoiselle Camille dit résolûment qu'elle était le marquis d'Aix, qu'elle faisait bonne figure dans un château et qu'elle ne s'en irait que par la force des baïonnettes.

— Sérieusement, ajouta-t-elle, je suis plutôt résolue à avoir un duel que de fuir lâchement « le lieu de nos exploits. »

M. de Berthald était fort en peine.

— Me jures-tu, lui dit-il, que tu ne te trahiras pas ?

Elle jura.

Au déjeuner, M. de Berthald présenta le marquis d'Aix à sa sœur et à madame de Neërs.

Le marquis se conduisit en vrai lycéen pendant le déjeuner, rougissant à chaque mot aventuré par les chasseurs, baissant les yeux devant les deux dames, ne pouvant vaincre sa timidité pour répondre quand on lui adressait la parole.

— Ah! il est bien changé depuis hier, dit un des chasseurs. Ce que c'est que la vue des femmes quand on n'en a pas l'habitude!

La marquise de Neërs regardait le marquis d'Aix avec la sympathie amoureuse d'une femme passionnée.

— Le pauvre garçon, murmurait-elle, il bien gentil.

Camille comprit qu'elle avait là une véritable amie. Elle sembla lui dire par ses regards caressants qu'elle se mettait sous sa protection.

Au sortir de table, madame de Neërs lui prit le bras.

— Voyons, mon jeune chasseur, lui dit-elle doucement, je vois que vous n'êtes pas habitué à la société de ces mauvais sujets; je vous sauvegarderai; nous irons ensemble demain à la messe, car je suis bien sûre que M. de Berthald vous fait oublier tous vos devoirs.

Camille était enchantée de voir que sa comédie prenait si bien, car elle était avant tout comédienne. La sympathie de madame de Neërs la touchait en même temps; elle était heureuse de se trouver en si bonne compagnie sans monter sur les planches.

Mais voilà, qu'avant la fin de la journée, elle s'aperçut que madame de Neërs, sous prétexte de s'occuper de leur salut à toutes les deux, ne la quittait pas plus que son ombre. On allait ensemble dans le parc jusqu'à la fontaine; on faisait ensemble une visite au presbytère; on s'égarait ensemble dans la grande avenue. Le soir venu, on joua de l'orgue — à quatre mains — puis du piano — à quatre mains. — A minuit, on ne pouvait pas se quitter.

— Adieu donc, mon cher marquis, dit tristement madame de Neërs; demain, à huit heures, nous irons à la messe.

Huit jours se passèrent ainsi ; sans doute Camille avait pris plaisir au jeu, car elle disait à M. de Berthald.

— Tu sais que madame de Neërs est amoureuse de moi.

M. de Berthald, qui connaissait la haute réputation de vertu de madame de Neërs, n'en voulait rien croire. Selon lui, c'était la tendresse d'une sœur. Mais sa maîtresse savait bien que c'était la tendresse d'une amoureuse.

Un jour, M. de Berthald surprit les deux femmes qui s'embrassaient.

— En doutes-tu encore, dit Camille, quand elle fut seule avec son amant?

— Plus que jamais, lui répondit-il. Elle t'embrasse, quoi de plus naturel? Les femmes ne passent-elles pas leur vie à se faire des caresses. On appelle cela se faire les griffes.

— Eh bien, lui dit Camille, je veux que, dans ce salon même, ce soir, quand tout le monde sera parti pour se coucher, je veux que la lumière te frappe comme elle a frappé M. Orgon. Comme M. Orgon, tu te cacheras sous la table et tu verras madame Tartufe à l'œuvre.

— Je verrai que tu es folle d'avoir de pareilles idées. Je te dis que madame de Neërs est une sainte femme et que c'est ta perversité seule qui fait ton illusion.

— Tous les hommes sont des Orgons ! Tu refuses de voir la vérité.

— Non, je veux bien me mettre sous cette table comme un spectateur dans une loge grillée; mais, qui sera bien attrapé? ce ne sera pas moi.

— Eh bien! tentons l'aventure.

Vers dix heures, on se retirait. Déjà, deux ou trois fois, madame de Neërs et Camille étaient restées seules sous prétexte de musique. Naturellement, pour ne pas donner l'éveil, M. de Berthald n'avait pas appelé son camarade de chambrée.

Ce soir-là, à dix heures, tout le monde était parti, Camille fit signe à son amant de se cacher sous la table, ce qui lui fut bien facile, parce qu'elle entraîna madame de Neërs devant l'orgue et qu'elle commença avec elle un oratorio de Hændel.

Mais on n'acheva pas l'oratorio. Madame de Neërs, entraînée malgré elle, passa ses doigts fiévreux dans la chevelure ébouriffée de son jeune marquis.

— Quand on pense, dit-elle tristement, que ces cheveux noirs, que ces beaux yeux, que ces dents blanches, tout cela est pour le démon !

Camille se pencha à son tour.

— Si vous vouliez, tout cela serait à Dieu.

Et elle embrassa la marquise.

— Oh ! oui, jurez-moi que vous n'allez pas, comme M. de Berthald, vous donner à Satan, à ses pompes, à ses œuvres.

— Je vous le jure !

On s'embrassa encore.

— Diable ! dit M. de Berthald, sous la table, je me suis peut-être trompé.

Il souleva le tapis pour mieux voir. L'ombre portée par la table le masquait, quoi qu'il fît.

Madame de Neërs reprit la parole :

— Nous nous aimerons toujours, n'est-ce pas ? Je devais quitter le château après demain, j'y veux rester huit jours de plus.

— Oh ! quel bonheur ! s'écria Camille.

Elle appuya doucement ses lèvres sur le cou de madame de Neërs.

— Ce n'est pas bien, ce que vous faites là, vous abusez de mon amour pour vous. Vous voyez que je n'ai pas la force de me défendre.

M. de Berthald remarqua que c'était madame de Neërs elle-même qui attaquait.

— Mais si l'on nous surprenait !

Camille courut légère comme Chérubin, fermer les portes.

— Cette fois, dit-elle, nous sommes chez nous. Ah ! marquise, comme vous êtes belle !

Et Camille reprit madame de Neërs dans ses bras.

— Grâce, dit la marquise ; j'ai la tête perdue, je deviens folle.

Elle avait dénoué ses cheveux, son corsage était dégrafé : la dévote n'était plus qu'une bacchante.

— Comme elle est belle ainsi, dit M. de Berthald, qui étouffait sous la table.

Voltaire raconte que, sur ses vieux jours, quand il n'était plus qu'un amoureux platonique, une Genévoise, affolée d'amour, se jeta dans ses bras pour se donner à lui, — mais il ne pouvait pas la prendre. — Le maréchal de Richelieu était à Ferney ; il comprit, quoiqu'il ne fût pas sous la table, tout ce que la situation de Voltaire pouvait avoir de désagréable, il accourut et il lui sauva l'honneur. La Genévoise crut qu'il avait sauvé sa vertu.

Je crois que la même chose se passa au château de Berthald. M. de Berthald sauva l'honneur du marquis d'Aix. Mais ce ne fut pas, j'en ai bien peur, pour sauver ce soir-là la vertu de madame de Neërs.

VII

La volonté de la morte.

Cependant Octave allait épouser Violette.

Depuis le jour où le duc Parisis avait dit à Violette qu'il l'épouserait, il n'était pas revenu sur sa parole ; mais comme les esprits les plus décidés — les Don Juan ne sont pas des indécis, — il avait plus d'une fois envisagé avec tristesse ce mariage bâti sur les ruines d'un autre. C'était encore une cousine qu'il épousait. Qui sait si la légende des Parisis ne se retournerait pas contre lui. Il ne voulait plus vivre à Paris, il voulait vivre dans son château. Or, que dirait l'ombre de Geneviève de voir prendre sa place à sa table et dans son lit ? Les augures n'étaient pas gais, toutefois Octave ne trahit pas un seul jour sa promesse. D'ailleurs les nuages du passé n'obscurcissaient pas toujours l'horizon. Combien de belles roses rient sur les tombeaux?

Octave et Violette se voyaient tous les jours. Quoiqu'ils fussent envahis et attristés par les souvenirs, ils se disaient plus heureux que jamais. L'amour est plus doux encore dans le cadre de la nature. Tout avait pour eux un parfum de renouveau. Autrefois ils ne s'étaient aimés qu'à Paris. Maintenant, les arbres, les prairies, les fontaines, les blés, les sainfoins, les vignes, tout leur parlait d'eux-mêmes. Ceux qui ont vécu dans les champs savent avec quelle intimité profonde et charmante, l'âme amoureuse se repose dans ces tableaux vivants. On finit par être familier à chaque épine du sentier, à chaque arbre du chemin, à chaque pervenche du bois.

Au milieu de leurs promenades, Octave et Geneviève se cueillaient des bouquets rustiques comme des écoliers joueurs. Violette s'était tressée un jour une couronne de bleuets et de coquelicots que son cousin avait voulu garder comme il eût fait d'un bouquet de vergissmeinicht. Et mille et un autres charmants enfantillages.

Violette avait deux noms de baptême : Louise et Suzanne. Le duc de Parisis avait choisi la veille de la fête de Sainte-Suzanne pour le jour de son mariage.

L'heure approchait.

Octave passait tous les jours l'après-midi au château de Pernand. Violette était plus adorable que jamais. Bérangère était venue la rejoindre. On attendait Monjoyeux. Les deux amies accueillaient Octave avec une joie expansive. On lui faisait de la musique, on se promenait avec lui. Les jours où il devait dîner, on dînait sur l'herbe. Violette lui donnait les cigares qu'il aimait. Quoiqu'elle fût naturellement mélancolique, elle s'efforçait d'être rieuse pour que le tableau ne fût touché d'aucune teinte triste.

La causerie était toujours charmante. Dès que Parisis voulait parler du passé, elle tirait la toile et lui montrait l'horizon. Elle avait le grand art d'illuminer l'avenir.

Quoiqu'elle ne fût pas coquette, elle se coiffait et s'habillait dans la manière aimée par Octave, avec je ne sais quel air de chasteté primitive. Toutes les femmes modernes ont un peu de la bacchante. Violette, comme naguère Geneviève, gardait fièrement et simplement les allures et le style de la vierge.

Presque tous les jours on parlait du prochain mariage. On ne devait pas faire la cérémonie à huis-clos, parce qu'on ne craignait pas l'opinion; mais on la devait faire dans l'intimité. On avait invité Rodolphe de Villeroy, Monjoyeux et sa femme, La Chanterie et sa femme, le prince Rio moins ses femmes, Montbrun, Harken, le duc d'Ayguesvives, le vicomte d'Arcq; enfin, d'Aspremont et Colombe, comme pour avoir déjà sous les yeux l'image du bonheur dans l'amour; car ceux là s'obstinaient à être heureux.

Pourquoi donc nier la beauté du ciel sans nuage?

Mais un après-midi, que Parisis était venu à cheval, suivi de son groom, il avertit Violette qu'il ne dînerait pas et qu'il ne goûterait pas.

Violette chercha de tout suite à lire dans ses yeux.

Il fut impénétrable.

Quoiqu'elle se fût habituée à le voir de plus en plus grave, elle fut étonnée de la sévérité de sa figure.

— Qu'y a-t-il? demanda-t-elle.

— Rien, répondit-il en souriant des lèvres plutôt que de l'âme. Des tracas entre propriétaire et fermier. Qui terre a guerre a.

Violette pensa que ce n'était pas cette guerre là qui agitait Parisis, mais elle n'osa rien dire.

— Adieu, reprit-il, M. Rossignol m'attend.

Quand il fut parti, Violette regarda tristement Bérangère :

— Voyez-vous, lui dit-elle, j'ai le pressentiment que ce mariage ne se fera pas!

VIII

Les obsessions du tombeau

Le lendemain Octave vint à Pernand et dit tout de suite qu'il resterait jusqu'au soir.

Violette reprit presque sa quiétude.

Le nuage fuyait. Mais elle remarqua pourtant que son cousin était plus pâle que les jours passés.

Il s'efforçait d'être gai dans sa causerie. Il lut une lettre de Monjoyeux, un chef-d'œuvre d'humour, où le sculpteur racontait une soirée chez la princesse Mathilde, tout en sculptant à la plume les figures des habitués.

Le sculpteur annonçait une surprise en marbre.

— J'espère, reprit Octave que c'est le buste de Violette.

— Peut-être, dit Bérangère.

Une vague inquiétude passa sur son front.

Mais ce n'était que le masque de la gaieté. Ce fut ce jour là que Violette lui dit ce mot charmant :

— Ne riez pas malgré vous, Octave. Le sourire est une auréole, mais le rire est une grimace.

— Oui, l'homme rit, la femme sourit.

Au dîner, Octave s'efforça d'avoir bon appétit; mais il mangea à peine, tout en disant que tout était bon.

Quand il s'en alla à la brune, Violette le conduisit jusqu'au bout de l'avenue. Il la prit doucement dans ses bras pour l'embrasser; mais quand elle s'en vint vers Bérangère, elle murmura :

— J'ai senti que sa bouche était distraite.

Que s'était-il donc passé?

On sait que Parisis avait le goût des sciences occultes; il pouvait presque dire comme le Régent : Si je ne crois à Dieu, je crois au diable, puisque dans le monde c'est toujours le mal qui triomphe.

Cet esprit curieux, qui s'était surtout attaqué à la femme comme étude et comme passion, n'avait jamais perdu une heure dans le désœuvrement des viveurs terre à terre. Il avait de hautes visées. Il cherchait toujours ; il croyait que l'homme n'est pas venu sur la terre sans un but fatal. La femme était sa force et sa faiblesse ; mais par delà la femme, il aventurait le fier regard d'un philosophe, qui n'avait peur de rien, parce qu'il doutait de tout.

Il n'était ni poëte, ni artiste pour signer des œuvres, mais il était artiste et poëte en actions. La passion l'avait initié à la science. Tout ce qui a frappé l'esprit des hommes de l'antiquité et de la renaissance était venu jusqu'à son front. Il n'avait pas recreusé le sillon d'angoisses où tout penseur verse une larme ; mais il s'y était arrêté.

Dès son retour au château de Parisis, il s'était remis à feuilleter la bibliothèque, retournant à ses livres les plus aimés, les philosophistes et les kabalistes, les théories des Indous et des Chaldéens, les sorcelleries des docteurs du moyen âge.

Je ne sais si ces lectures l'avaient amené au rêve que voici :

C'était la nuit ; dans le lit même où Violette l'avait vu apparaître tout sanglant, Geneviève lui apparut à lui-même toute sanglante.

Pour la première fois depuis sa mort, elle lui reprocha sévèrement de la laisser dormir seule dans son tombeau.

Le rêve fut d'une réalité terrible.

Elle se penchait sur lui ; elle lui montrait ses blessures ; elle souriait amèrement dans sa pâleur de morte.

— Tu ne m'as jamais aimé, lui disait-elle.

Et lui, dans son habitude de toujours trahir, lui répondait :

— Je n'ai aimé que toi, je n'aimerai que toi.

— Jure-le donc !

Et il jurait.

Le lendemain il alla s'incliner devant le cercueil de Geneviève, comme s'il dût ainsi apaiser son âme en peine. Mais le même jour il alla voir Violette.

Voilà pourquoi la nuit suivante Geneviève lui réapparut plus terrible que la veille.

— Tu m'as trahie encore. Je suis bien sûre

que tu veux épouser Violette, mais je ne le veux pas.

Et, dans son effroi, il disait à l'ombre implacable :

— Ne sais-tu donc pas que Violette a passé ses jours à t'aimer et à te pleurer ? — Je sais que tu veux l'épouser ; je suis la dernière duchesse de Parisis, il n'y en aura pas d'autre.

Octave avait beau se dire qu'il rêvait, il subissait toutes les terreurs d'une telle apparition ; c'était bien Geneviève qui lui parlait ; il reconnaissait le timbre de sa voix ; il la voyait morte et vivante : il voulait la prendre dans ses bras, mais il avait peur du sang.

Et toujours elle lui disait :

— Je suis morte dans ton amour. Je t'attends dans ma nuit — et tu ne viens pas. — C'est par lâcheté que tu as peur du tombeau, parce que c'est une nuit sans aurore, parce que tu ne seras jamais las des femmes, parce que tu es insatiable en amour.

Quand Parisis se réveilla, il voulut, comme la veille, franchir ces terreurs ; mais qui donc est insoumis aux angoisses du rêve. Il trembla pour la nuit suivante.

IV

Il vit passer l'homme à la lampe qui allait à la chapelle. Il l'appella.

— Montal, on m'a dit que vous étiez un visionnaire ?

— Oui, monsieur le duc. Quand vous étiez mort vous m'êtes apparu. Maintenant c'est madame la duchesse. J'ai vu cette nuit son fantôme errer dans le château.

— Vous êtes fou ! reprit Octave avec émotion, puisque je n'étais pas mort, je ne pouvais vous apparaître.

— Voyez-vous, monsieur le duc, je ne suis pas un savant, mais j'ai compris au sermon que les plus malins n'en savaient pas plus que moi.

IX

Un convive qu'on n'attend pas.

La nuit suivante ce fut encore le même rêve.

Parisis se promit alors d'être un jour sans aller au château de Pernand, comme pour désarmer Geneviève.

Mais ce jour là, vers quatre heures, Violette ne le voyant pas venir, se décida à monter en victoria avec Bérangère pour aller au château de Parisis.

Elles arrivèrent à l'heure même où Monjoyeux arrivait lui-même de Paris, précédé de quelques heures par la statue de Geneviève.

Monjoyeux avait ébauché cette statue au temps du mariage d'Octave. Il croyait qu'on peut réconcilier la mort avec la vie : Voilà pourquoi il venait de la terminer.

Parisis était absent pour quelques heures. On ne savait pas s'il était allé à Tonnerre ou à la Roche-l'Épine.

Le sculpteur qui aimait les surprises voulait qu'il trouvât en rentrant dans le petit salon la statue de Geneviève.

Il l'avait faite adorablement belle, comme elle était d'ailleurs. Il l'avait chastement drapée à l'antique et il l'avait chaussée du cothurne; mais il n'avait rien changé au caractère de sa coiffure.

Violette et Bérangère le surprirent devant la statue tout préoccupé de la lumière qui marquait mal les ombres.

Bérangère s'avança pour embrasser son mari.

— Je t'avoue, lui dit-elle, que tu as eu là une drôle d'idée. Si c'est ton cadeau de noces, je ne t'en fais pas mon compliment. Pourquoi cette figure de mort ici quand on veut vivre ?

Bérangère exprimait la pensée de Violette, mais Violette ne dit pas un mot.

Elle avait toujours eu peur du marbre. Ceux

qui ont souvent hanté la mort ont l'effroi des statues.

— Tu ne sais pas ce que tu dis, s'écria Monjoyeux. Ne vois-tu pas que Geneviève sourit? Elle apporte ici l'oubli des jours de deuil.

— Au contraire, dit Bérangère, elle réveille les plus tristes souvenirs du château.

— Quelle bêtise! T'imagines-tu donc que si elle n'était pas là souriante on pourrait supprimer son image ici?

Violette s'était avancée silencieusement vers la statue pour lui baiser la main.

— Tu as beau dire, reprit Bérangère, cette statue était mieux dans ton atelier que dans ce petit salon. Si j'osais te donner un conseil, mais tu vas t'indigner...

— Voyons, parle!

— Eh bien! je te dirais: transporte cette statue dans la crypte.

— Allons donc! s'écria Monjoyeux trop fier de son œuvre pour la sacrifier à la nuit éternelle ou à la lumière des lampes funéraires.

Violette ne se plaignait pas. Monjoyeux qui ne comprenait pas bien les regrets de sa femme, dit qu'il fallait laisser Octave maître de décider si la statue resterait là ou si elle irait ailleurs.

Ce fut alors que le duc de Parisis revint. Il était allé se promener jusqu'au bout du parc comme pour échapper à ses préoccupations funèbres.

Il ressentit un coup au cœur en voyant Geneviève en marbre.

Il s'approcha de Violette qui lui fit presque peur tant elle était blanche, elle aussi.

Il lui prit la main. Il voulait l'embrasser, mais il n'osa devant la figure de Geneviève.

— Quelle bonne fortune vous amène ici, ma chère Violette?

Elle lui répondit avec sa charmante simplicité qu'il lui était impossible de passer un jour sans le voir.

— C'est comme moi, murmura-t-il tristement, je m'ennuyais à mourir aujourd'hui.

— Pourquoi n'êtes-vous pas venu?

— Je vous le dirai.

Le duc de Parisis tout en parlant à Violette avait donné la main à Bérangère et à Monjoyeux.

Le sculpteur l'interrogeait du regard.

— N'est-ce pas, lui dit-il avec la foi d'un grand artiste, que c'est-là une belle statue ?

Octave ne put s'empêcher de sourire.

— J'allais vous le dire, mon cher Monjoyeux. Mais cette statue est-elle bien à sa place ?

Bérangère triomphait.

— Tu vois, dit-elle à son mari, que tu as tort.

— Savez-vous ce qu'elle me conseille ? dit Monjoyeux à son ami. C'est de placer cette statue sur le tombeau de Geneviève !

Le duc de Parisis n'osa pas répondre que Bérangère avait raison. Il regardait Geneviève qui semblait lui dire :

— Est-ce que tu vas m'exiler ? Est-ce que tu vas condamner jusqu'à mon image.

— Nous verrons plus tard, dit-il en voulant cacher son émotion.

Il entraîna Violette et Bérangère sur le perron, pendant que Monjoyeux continuait à étudier le jeu de la lumière et des ombres sur sa statue.

Sur le perron Parisis embrassa Violette.

— Tu as bien fait de venir, lui dit-il. Quatre jours à peine nous séparent, j'irai demain te voir à Pernand, reviens ici après-demain. Si tu savais comme j'ai hâte de t'avoir à Parisis !

Violette était toujours silencieuse. Il lui semblait que l'arrivée de la statue la veille du mariage était de mauvais augure. Geneviève semblait sortir du tombeau pour se mettre entre Octave et Violette.

— Oui, dit-elle lentement, je veux bien revenir tous les deux jours ici, mais n'oublie pas que nous resterons tout un mois à Pernand après le mariage.

Si c'eût été la nuit Parisis se fût empressé de dire oui. Mais en pleine lumière il oublia assez son effroi nocturne pour répondre que le petit château de Pernand était inhabitable, qu'il y avait à peine une écurie pour deux chevaux, et que les chemins étaient détestables pour y aller ou pour venir à Parisis. D'ailleurs il attendait des amis qu'il ne pourrait loger là bas.

Violette se résignait toujours. Elle se résigna. Elle avait demandé un mois, elle promit de se contenter d'un jour. On se marierait à midi, on irait se promener dans la forêt, on dînerait dans le petit parc, on causerait jusqu'à minuit, on se coucherait pendant que les invités retourneraient à Parisis, moins Monjoyeux et Bérangère qui garderaient leur lit à Pernand. Le lendemain quelle que fût l'heure on irait rejoindre tout le monde à Parisis.

Après avoir décrété ainsi l'emploi de la journée, Octave retourna vers Monjoyeux.

— Voyez-vous, dit Bérangère à Violette, le duc de Parisis est plus raisonnable que vous: ce petit château de Pernand n'est qu'un pied à terre. On peut y passer la nuit des noces, mais le lendemain il faut ses coudées franches.

— Oui, dit Violette, mais à Pernand, Geneviève ne serait pas de la fête comme elle le sera ici.

Vous êtes folle, ma chère amie, si vous saviez comme les morts tiennent peu de place dans la vie ! C'est cette statue qui vous a fait froid au cœur, mais je vous jure qu'elle ne restera pas là.

— Oh non ! n'est-ce pas, dit Violette, car elle me changerait en marbre.

X

La main de marbre.

Cette impression de la statue s'effaça un peu dans l'esprit d'Octave et de Violette.

On dîna à Parisis avec quelque gaieté; il était du reste difficile de ne pas rire quand Monjoyeux était à table.

Le soir, Parisis reconduisit jusqu'à mi-chemin les trois hôtes du château de Pernand, car naturellement le sculpteur ne devait pas coucher avec sa statue, quoiqu'il l'aimât beaucoup ce jour là.

Quand Octave revint vers le château, il retomba sous le despotisme de ses visions nocturnes. Il eut beau vouloir penser à l'amour de Violette, Geneviève s'imposait toujours. Et cette fois elle s'imposait par l'image du fantôme et par l'image de la statue.

— Que le diable emporte Monjoyeux, dit Octave en rentrant.

Il voulut s'aguerrir contre la statue. Il alla droit à elle avec le chandelier que venait de lui donner son valet de chambre.

Si déjà une statue frappe l'esprit le jour, qu'est-ce donc le soir dans le silence et dans les vacillements de la lumière. La statue prend alors sa vie nocturne. Le jour elle semble rêver dans le marbre ; la nuit n'est-elle pas toujours sur le point de descendre du piédestal comme une ombre en peine.

On le sait déjà, Octave était brave comme Turenne et Napoléon, mais il avait peur des revenants. Turenne voyait des ombres partout et Napoléon croyait bien plus à la vision de l'homme rouge qu'à son étoile. Qui oserait nier le monde invisible ?

Le duc de Parisis ne s'attarda pas longtemps dans le petit salon.

Il baisa la main de Geneviève — celle qu'avait baisée Violette quelques heures auparavant,— il salua le visage d'un sourire tendre et triste, il pencha la tête et s'en alla.

Cette visite nocturne lui rappela que plus d'une fois en certaines nuits quand Geneviève avait voulu coucher seule, il était allé pareillement dire bonsoir à sa femme.

Ce seul souvenir le glaça.

Naturellement quand il fut endormi, ce ne fut plus l'ombre ensanglantée qui vint le visiter, ce fut la statue. La main de marbre s'avança lentement vers la sienne ; il la sentit toute glaciale ; elle voulait l'entraîner pendant que la bouche de marbre lui disait :

— Tu as peur de moi, viens donc causer dans le petit salon.

Parmi les esprits ardents et inquiets, en est-il beaucoup qui au réveil du rêve, vers minuit, se fussent levés pour aller causer avec une statue ?

XI

Les fantômes évanouis

Le matin, Parisis alla droit à la statue pour se familiariser avec ce marbre qui l'avait tant ému et tant effrayé.

Il se prit lui-même en pitié, il regarda avec calme cette belle figure de Geneviève, dont Monjoyeux avait fait un chef-d'œuvre. C'était bien son grand air, la fierté dans la douceur, la noblesse dans la grâce. Elle inclinait légèrement la tête comme sous le nuage de la rêverie. C'était bien l'opulente chevelure négligemment et voluptueusement répandue sur le cou, un cou héraldique s'il en fût ; c'était bien la main, c'était bien le pied. Parisis se demandait comment Monjoyeux avait un œil si sûr, car il avait vu bien peu la duchesse; il s'étonna surtout de la retrouver si vraie dans sa draperie. Monjoyeux, véritable scuplteur de l'école française, s'évertuait à faire de la chair avec du marbre, comme Coysevox, Allegrain et Clésinger, sans nul souci de la manière antique. La vraie école, n'est-ce pas faire descendre Galathée de son piédestal?

Octave fit trois ou quatre fois le tour de la statue, de plus en plus séduit par le talent du sculpteur, de plus en plus charmé par cette image de Geneviève.

Il se moqua de ses terreurs enfantines, il jura que jamais ce marbre ne quitterait le petit salon. Il baisa la draperie en murmurant :

— Au lieu d'être l'effroi de la maison, Geneviève en sera le palladium; elle me pardonnera d'aimer Violette, parce que les morts pardonnent aux vivants, parce que nous l'aimons tous les deux.

Octave partit pour Pernand, où il arriva fort gai.

— Je viens dejeûner avec vous, dit-il aux deux amies, qu'il trouva dans la cour.

Il demanda où était Monjoyeux.

— Monjoyeux court les bois, dit Bérangère; mais rassurez-vous, il sera là à l'heure du déjeuner.

Parisis entraîna les deux femmes dans le parc. Il fut si caressant avec Violette que Bérangère, sous prétexte de cueillir des fraises, alla droit au potager.

— Vous savez, leur cria-t-elle, que moi je ne me nourris pas d'idéal.

Violette, qui était triste avant l'arrivée d'Octave, avait repris sa figure des meilleurs jours. Elle s'appuyait des deux mains à son bras, pour le voir tout en marchant. On sentait qu'il était toute sa vie.

Monjoyeux reparut au premier coup de cloche.

On se mit à table gaiement, on mangea beaucoup. Violette, qui connaissait l'appétit de Monjoyeux, avait voulu que pour lui tout fût mis à sang et à feu. On ne but que des trois vins favoris de Parisis, le Château d'Yquem, le vin de Champagne et le Johannisberg.

— Ce pauvre petit château de Pernand, dit

Violette, je n'en ferai plus longtemps les honneurs.

— Encore deux jours, dit Octave, mais comme vous serez belle au château de Parisis!

— Qui sait! murmura Violette, avec un accent mélancolique.

Ce jour-là, on attendait presque tous les invités, mais ils ne devaient arriver à Parisis, que pour souper.

— Est-ce que vous viendrez souper, Violette? demanda Octave.

— Oh! non, dit-elle, je n'irai plus à Parisis, avant d'être la duchesse de Parisis. Jusque-là je n'ai plus que le temps de me recueillir et de prier Dieu. Mais Monjoyeux et Bérangère seront de la petite fête de ce soir.

— Non, non, dit Bérangère, nous ne quitterons pas la fiancée. On ne sait pas ce qui peut arriver. Si on allait nous l'enlever la veille des noces, il n'y aurait plus de cérémonie; or, nous ne sommes venus que pour cela.

Le soir les Parisiens arrivèrent, mais en très petit nombre. La Chanterie était en mal de Bourse et n'avait pu accompagner sa femme.

La chanoinesse était venue avec la comtesse de Montmartel, qui n'avait pas insisté pour que son mari l'accompagnât. Harken était venu, mais il n'avait pas amené sa femme, pour ne pas rappeler madame de Fontaneilles. Le prince Rio et le duc d'Ayguesvives étaient là. Mais le marquis de Villeroy qui ne se consolait pas de la mort de sa femme, avait conduit ses amis à la gare sans prendre le courage de venir.

D'Aspremont, un des plus anciens amis de Parisis, avait à grand'peine décidé sa femme à venir avec lui.

Mais d'Aspremont et Colombe, ceux là qui devaient porter bonheur, selon l'expression de Violette, arrivaient en habits de deuil.

De qui Colombe portait-elle le deuil ?

Il me faut bien encore interrompre mon récit pour vous conter les décadences de mademoiselle Phryné, sœur de Colombe.

LIVRE IV

LES DÉCADENCES DE Mlle PHRYNÉ

I

Il y a des veines en amour comme au lansquenet. Les femmes passent la main, mais les hommes sont trop chevaleresques pour faire Charlemagne.

***

J'ai été la reine et j'ai été la femme. Vous voilà bien, vous autres, qui n'avez eu ni le génie, ni la force, ni le caractère. Romanesques, toujours romanesques ! encore romanesques ! Pour moi, l'amour ne fut pas mon roman, parce la femme dans l'amour ne triomphe que par sa défaite.

MADAME DE MAINTENON.

Un amant découvre une femme, un mari lui donne son nom. C'est l'histoire de la découverte du Nouveau-Monde. Bel exemple des quiproquo de l'amour et de la gloire.

***

L'amour n'est fort que par la femme. On ne dit pas que l'amour retient Mars, mais Vénus retient Mars.

C'est par la femme que Jupiter gouverne les hommes et les Dieux.

PLATON.

La femme ensorcelle doucement les yeux et les cœurs; elle a tant d'artifices pour venir à bout de ses desseins et jouer ses histoires, que ce serait tenter l'impossible que de les vouloir éviter, car sachant bien qu'elle est le siége de l'amour lascif, sa gloire est de se faire appeler maîtresse et d'entraver en ses filets les plus subtils et les plus rebelles du monde. Pausanias faisant le portrait de la déesse de l'amour, la représente de face, extrêmement belle, lui mettant sous le pied droit un lion, un lièvre, un oiseau, un poisson, et sous le pied gauche une tortue; le beau visage signifie que la femme, par les attraits de sa face, gagne à soi les Hercule, les Samson, les vrais lions; les Sardanapale et Héliogabale, lièvres en faiblesse et sournoiserie; les Adam et David, vrais oiseaux en contemplation, les Salomon en science et sagesse, et même tous les autres hommes, exprimés par les poissons nageant en la mer de ce monde. Mais ce qui en est remarquable, Vénus avait une tortue sous le pied gauche, qui est le côté du cœur, pour montrer que comme cet animal elle vit encore le cœur arraché. Lisez les naturalistes. Ainsi la beauté périssable d'une femme a tant de pouvoir sur les esclaves de ses passions, qu'elle leur arrache le cœur plein de vie et les charme de telle sorte que demeurant aveuglés, elle les expose à mille vanités et à mille misères.

DIANE DE POITIERS.

L'amant de cœur, chez les courtisanes, c'est la vengeance de tous les autres amants: il apporte le mépris, la ruine, la désolation.

***

I

Pourquoi les courtisanes n'ont pas d'enfants.

OLOMBE était en deuil, mais ce n'était pas le deuil de son bonheur.

Le comte d'Aspremont, en l'arrachant aux inquiétudes et aux surexcitations de la vie parisienne, en lui laissant Dieu qu'elle aimait, en lui donnant son cœur prodigue, lui avait fait une seconde vie qui valait mieux que la première. Elle marchait donc en avant sans un seul regret, contente plutôt que fière d'être la comtesse d'Aspremont, heureuse d'être femme, heureuse d'être mère.

Colombe était de ces bonnes créatures, toutes de vertu, de foi et de charité, qui ne cherchent rien au delà de l'horizon. Elles vivent du présent ; si elles se tournent vers l'avenir, c'est par l'espoir en Dieu.

Le comte d'Aspremont n'était peut-être pas si heureux : il reconnaissait qu'aucune femme au monde n'était plus digne de porter son nom. Mais il avait ses jours de misanthropie. Cet homme, qui avait passé sa jeunesse dans les plus ardentes folies, se sentait le génie de l'apôtre et du réformateur. Il avait beau vouloir rire de lui-même, il lui semblait que l'esprit de charité le poussait vers une chaire ou vers une tribune. Il ne comprenait pas encore que le meilleur apôtre et le meilleur réformateur est le père de famille qui fait de sa maison le sanctuaire de toutes les vertus chrétiennes ou patriotiques. Ce sont les premières vertus.

D'Aspremont aurait voulu commencer par conquérir au bien la sœur de sa femme, cette

Lucia qu'il avait eue pour maîtresse, qui avait tué son ami Gontran Staller, qui avait promené le scandale aux quatre coins de Paris.

Entrouvrons la porte de mademoiselle Phryné.

Il est trois heures, une jeune femme, avec un enfant dans les bras, vient d'entrer chez la comédienne. C'est Colombe.

Lucia a passé la nuit dans un souper. Elle a dansé et elle a joué ; elle ne s'est couchée qu'au matin ; elle se réveille à peine.

La jeune mère est suffoquée par les parfums qui empoisonnent l'hôtel de Lucia. On y respire tout à la fois le cigare, l'eau de Lubin, les roses et les violettes fanées, le vinaigre des quatre-voleurs, la poudre à la maréchale. On y sent la vie artificielle.

C'est un sentiment chrétien et familial qui conduit Colombe chez sa sœur. Une fois encore elle veut tenter de l'arracher aux délices et aux horreurs de la vie de courtisane.

En voyant entrer la comtesse, Lucia est ravie ; elle se jette hors du lit pour courir l'embrasser.

Elle prend la mère dans ses bras et pleure

de joie sur l'adorable petite figure toute souriante de l'enfant.

— Ma chère Lucia, dit la comtesse, j'ai fait un vœu avant d'accoucher, j'ai juré à Dieu que je te sauverais.

Lucia regarde sa sœur avec surprise. Elle semble ne pas comprendre.

— Tu as juré que tu me sauverais ! Mais je ne suis pas si perdue que cela. Ne dirait-on pas que tu viens me voir à l'hôpital.

— Ah ! ma chère Lucia, ton corps est dans un palais, mais ton cœur est à l'hôpital ; comment n'as-tu pas la fierté de comprendre cela ?

Lucia relève la tête. Elle s'indigne, mais elle se contient.

— J'y ai songé, mais le temps n'est pas venu : je suis si jeune !

— Fais donc à ton devoir le sacrifice de ta jeunesse. Je t'en conjure au nom de ma mère, au nom de ma fille.

Et Colombe, devenant plus douce encore :

— Vois-tu, Lucia, je ne serai heureuse qu'à moitié tant que les journaux crieront tes hauts faits par dessus les toits. M. d'Aspremont a le bon goût de ne pas me parler de toi, mais il souffre de tes escapades.

— Ne dirait-on pas que je lui envoie mes billets à payer?

— Il serait bien capable de les payer si tu voulais t'engager à ne plus faire de folies.

— Comme tu y vas! On voit bien que tu as le mariage pour te distraire, moi je n'ai que l'amour. Mais rassure-toi, je veux faire une fin un de ces jours. J'aime quelqu'un. Pas un mot de plus!

— Rappelle-toi, Lucia, que j'ai fait un vœu.

On cause pendant une demi-heure; on joue avec l'enfant, on s'embrasse et tout est dit pour ce jour-là.

Quand Colombe est partie, Lucia se promène en rêvant.

— Après tout, dit-elle, elle n'a pas l'air de s'amuser beaucoup dans son bonheur. J'aime mon amant, mais s'il ne fallait aimer que lui, je ne m'amuserais pas du tout. La vie de famille! zut!

Zut! c'est l'exclamation la plus éloquente de Lucia. C'est avec ce mot qu'elle ponctue ses plus belles périodes.

— Et pourtant, reprit-elle, c'est une vraie joie de porter un enfant dans ses bras.

Elle se recouche tristement.

— Oui, mais je n'aurai pas d'enfant, moi ! Les courtisanes sont comme ces arbres des tropiques qui donnent des fleurs, mais qui ne donnent pas de fruits, parce que le soleil les brûle.

II

Un amant de cœur.

Je dirai pour l'édification des ambitieuses la décadence de mademoiselle Phryné; horrible tableau qui les fera pâlir toutes et qui les attachera saintement au travail. Ainsi soit-il.

Entrons de plein-pied dans la vie nouvelle de cette femme de — cœur.

Six mois avant cette visite de Colombe, la princesse de *** donna une soirée chantante. Mademoiselle Lucia était invitée « à chanter; » du moins on lui donnait un cachet de cinq cents francs pour payer ses gants et sa voiture, selon l'expression consacrée.

— Cinq cents francs! dit-elle, c'est pour ma femme de chambre.

En ce temps, mademoiselle Lucia dépensait mille francs par jour et ne se trouvait pas payée par un billet de cinq cents francs; mais elle ne fermait pas la main pour cela. L'argent d'où qu'il lui tombât était toujours le bien venu.

Elle écrivit à la princesse pour la prier de trouver bon qu'elle vînt avec son accompagnateur M. Abelle. On avait déjà parlé à la princesse de ce M. Abelle; elle aurait bien voulu qu'il ne vînt pas.

— Après tout, dit-elle, on l'a peut-être calomnié. Et puis un accompagnateur est presque toujours un homme sans conséquence; que mademoiselle Lucia vienne avec le sien.

Pourquoi avait-on calomnié M. Abelle ? C'est qu'il avait été l'accompagnateur de quelques femmes qui ne chantaient pas, — mais qu'il faisait chanter — à force d'amour. — Pour les frais du culte s'il vous plaît.

Dans l'*Almanach* des cinq cent mille adresses, il y a une lacune. Il serait indispensable de consacrer une page aux accompagnateurs

de ces dames, — je ne parle pas des musiciens.
— Ils ont d'ailleurs un nom plus expressif, mais le dictionnaire de l'Académie, toujours en retard, ne l'a pas contresigné.

Charles Abelle était fils d'un avocat de ***, une de ces éloquences de province qui ne font trembler que le clocher. Le père Abelle avait trois enfants, deux garçons qu'il destinait au barreau et une fille qu'il destinait à un avocat. Tout pour la robe. La fille devint la maîtresse d'un étudiant en médecine, l'aîné des garçons s'engagea à dix-huit ans dans les dragons, le cadet qui n'avait jamais voulu étudier, si ce n'est la musique, décida qu'il avait une vocation pour l'Opéra; il prit des leçons de chant et des leçons de piano. Vers sa vingtième année, il vint échouer aux portes de l'Opéra et du Théâtre Lyrique, mais il ne se rebuta pas, disant qu'il ferait plutôt le tour du monde que de ne pas débuter.

Et pourtant il ne débuta pas.

Dans un des soupers que donnent ces dames il fut amené par un de ses amis de collége comme en cas. C'est-à-dire que si on s'ennuyait on lui demanderait son grand air. Naturellement on s'ennuya. Il chanta. Jusque là on ne l'avait pas remarqué, mais sa voix qui était fort belle, répandit sur lui je ne sais quelle auréole, du moins aux yeux de mademoiselle Lucia.

Dans son enthousiasme, elle alla à lui, elle le complimenta comme eût fait mademoiselle Rachel devant un lauréat du Conservatoire. Cela se passait d'artiste à artiste, car Lucia se prenait au sérieux.

En voyant avec quelle gravité elle parlait de Mario et de Nilson, de Faure et de la Patti, on rit bien un peu autour d'elle, mais depuis longtemps elle était habituée à tout braver.

Or depuis ce fameux souper, M. Charles Abelle avait beaucoup « accompagné » mademoiselle Lucia Moroni, devenue assez célèbre pour aller dans les belles soirées du monde parisien, les jours où Sass, Nilson, Carvalho étaient de service au théâtre. On sait qu'Adelina Patti ne va dans le monde que comme marquise de Caux. Comme cantatrice, sa grandeur l'attache au rivage des Italiens.

Lucie Moreau, devenue plus que jamais Lucia Moroni, était presqu'à la mode sur les confins du monde et du demi-monde. Elle avait eu beau traverser en courtisane tous les bourbiers parisiens, le théâtre, qui déjà amnistie la fille perdue, lui refaisait une virginité. Elle plaidait tous les jours sa réhabilitation sur les planches, par la fraîcheur de sa voix comme par les figures poétiques qu'elle représentait. On oubliait peu à peu ses cascades et ses chutes, dans ses ascensions vers l'art. A force d'amour, Madeleine a été pardonnée : l'art a aussi ses stations miraculeuses.

Lucia ne négligeait pas pour cela son amour de l'or que masquait son amour du luxe. Elle menait et surmenait toujours quatre passions à la fois, comme elle eût fait d'un quadrige au Bois. Il y avait toujours autour d'elle une foule dorée. Un amant de parti, deux de retrouvés. Amants d'une semaine, amants d'un jour, amants d'une heure ! Elle ne savait pas bien leurs noms. Elle imitait ces maîtresses de maison qui appellent toujours leurs cuisinières du nom de Marie, — le nom le plus commun parce qu'il est le plus beau — elle donnait à tous ses amants le nom d'Arthur. Seulement, si c'était un Anglais, elle disait *Arthurson*; si c'était un Russe, elle disait *Arthurkoff*; quand c'était un Espagnol, elle disait *don Arthur*; quand c'était un Italien, elle disait *signor Arthur*.

Mais si c'était Charles Abelle et si personne n'entendait, elle disait *des Grieux*. Et Charles Abelle était au septième ciel. Car, s'il avait rêvé de devenir un ténor célèbre, ce n'était pas à autres fins que d'être l'amant qu'on cache dans les armoires à robes.

Abelle devait venger tous les malheureux que Lucia avait ruinés sur son chemin, il devait venger Gontran Staller qu'elle avait tué.

C'était bien le cœur le plus dépravé qui fût au monde. Le mauvais vent du siècle avait passé sur lui dans sa fleur et l'avait ravagé, comme le tourbillon qui n'est pas accompagné de la pluie.

Abelle avait de bonne heure divorcé avec toutes croyances. Il comparait Dieu à un gendarme. Il disait gaiement de son père « il défend la veuve et fait l'orphelin. » De sa mère pas un mot, si ce n'est que toutes les femmes étaient des drôlesses. Il avait le rire amer, il n'aimait rien hormis lui-même : Il haïssait la gloire des autres, la fortune des autres, l'amour des autres. Il eût rougi d'un cri parti du cœur. S'il parlait de l'honneur c'était pour faire bonne figure, mais dans l'ombre il eût laissé souffleter sans vergogne le fantôme de son honneur.

Il avait des amis parce qu'il avait de l'argent ; on disait bien un peu que c'était l'argent de Lucia, mais l'argent ne se démonétise pas devant l'indignation. Quand Abelle donnait à souper à la Maison-d'Or, le château d'Yquem, le champagne Jules Mumm n'avaient-ils pas toutes leurs vertus ?

Un soir cependant, un de ses amis, un railleur de son école, osa lui dire, pendant qu'il lui versait du Clos-Vougeot :

— Je rougis dans mon verre et dans ma figure, car c'est l'argent de Lucia qui court sur la nappe. Mais c'est égal, quand le vin est versé il faut le boire.

— Et ta sœur ! cria Abelle. Mon cher, on mange toujours l'argent de quelqu'un. A cette table, c'est l'argent de la maîtresse, à côté c'est l'argent du mari, plus loin c'est l'argent de l'actionnaire. Je te fais grâce de toute la kyrielle, sans parler de ceux qui mangent la grenouille.

— C'est égal, dit l'ami, ton père qui a plaidé toutes les mauvaises causes, ne plaiderait peut-être pas celle-là.

Lucia alla donc chez la princesse de *** avec son accompagnateur ordinaire. On trouva qu'elle était bien jolie et qu'il était bien joli.

En le regardant de près, on s'apercevait qu'il n'avait pas la beauté des lignes. Le nez était un peu court, le menton était trop accentué, mais il avait des yeux expressifs, une belle chevelure et des dents blanches. On remarqua qu'il se mettait du rouge aux lèvres et qu'il se barbouillait de poudre de riz.

La princesse ne manqua pas de lui dire, quand Lucia le lui présenta :

— Eh ! quoi ! de la poudre de riz, monsieur !

Il répondit avec une pointe d'impertinence.

— C'est que je suis venu dans la même voiture que mademoiselle Lucia.

Dans les palais et dans les hôtels, quand les comédiens ou les chanteurs arrivent, on voit toujours quelques jeunes gens courir dans les coulisses improvisées. On voit même quelques femmes affamées du fruit défendu se hasarder aussi. Chez la princesse, Lucia fut très entourée. Comme elle semblait oublier que M. des Grieux fut là, il le lui rappela à diverses reprises en lui marchant rudement sur le pied. Elle prenait cela pour l'argent comptant de la passion. Et pourtant un écouteur aux portes entendit :

— Finis donc, tu me fais mal !

Aussi l'écouteur aux portes s'en alla consoler un ex-amant de la belle, en lui disant :

— Lucia a trouvé son maître. Tu vois bien ce petit monsieur, à qui il ne manque qu'un grain de beauté pour être parfait, elle tremble devant lui comme tu tremblais devant elle.

— Je n'ai jamais tremblé devant elle.

— Allons donc ! Tu n'étais plus un homme. Mais il n'y a pas de quoi t'offenser, j'en ai vu de plus lâches que toi devant les impériosités de cette fille.

Naturellement Lucia eut un triomphe. On ne la payait que cinq cents francs, il fallait bien lui donner cinq cents francs de bravos sans compter le bouquet.

Abelle n'eut rien du tout, pas même un compliment. Aussi dès qu'il fut dans la voiture il prit le bouquet de Lucia et le jeta par la portière.

Toute indignée, elle se jeta sur lui comme si elle voulût le jeter lui-même par la portière. Mais il lui saisit les mains et il les tordit dans les siennes. Il avait contenu son orgueil, sa jalousie et sa colère : Tout éclatait.

— Ah ! tu crois que je subirai pour rien toutes ces humiliations !

Comme elle ne pouvait se servir de ses mains, elle se servit de ses pieds, mais elle rencontrait de rudes adversaires. Elle devint une lionne. Elle mordit Abelle à la main. Il lui prouva qu'il était plus fort qu'elle ; il lui dit d'un air hautain :

— Adieu, madame !

Comme le coupé allait au pas à cause de la neige, il ouvrit la portière et s'élança dans la rue.

— Adieu, monsieur ! dit-elle.

Le cocher prétendit qu'elle n'avait pas dit *Monsieur;* mais le mot commençait par la même lettre.

Elle referma la portière et ordonna au cocher d'aller plus vite, dût-il couronner ses chevaux.

— Enfin! disait-elle en respirant l'air — de l'autre côté, — me voilà délivrée de cet homme! C'est une bénédiction! Depuis trop longtemps il me tuait à petit feu. J'étais assez folle pour m'imaginer que je l'aimais et que je ne pouvais me passer de lui.

Comme quelques-unes de nos courtisanes, mademoiselle Lucia avait deux lits : le lit — de repos et le lit de — parade. Le lit des petits jours et le lit des grands jours. Le lit des mortels et le lit des dieux.

Quand elle rentra chez elle, elle se demanda dans quel lit elle allait se coucher. Elle les regarda tous les deux comme s'ils devaient lui donner un conseil.

— Cet infâme Abelle! dit-elle, comme je suis heureuse qu'il ne soit pas là.

Mais elle trouvait à chaque lit je ne sais quel air d'abandon qui la glaçait.

— Je vais donc me payer le luxe de coucher seule! C'est égal, il fait bien froid, il me semble que ces draps sont filés avec de la neige.

Elle frissonna et dit à sa femme de chambre de faire un meilleur feu.

Pendant que cette fille attisait les bûches :

— Caroline, reprit-elle, vous savez où demeure Abelle !

— Oui, madame. Est-ce que M. Abelle ne vient pas ce soir ?

— Non. Nous sommes brouillés. Je ne le reverrai jamais. Mais je suis curieuse de savoir ce qu'il fera cette nuit. Vous allez courir chez lui.

— A cette heure ?

— Il n'y a pas loin.

— Et madame s'imagine que je vais le trouver chez lui ? Je connais bien M. Abelle. Si celui-là passe jamais la nuit dans son lit !

— Vous n'en savez rien, dit Lucia avec impatience. Allez tout de suite voir s'il est rentré.

— Savez-vous, madame ? Pour aller rue de Ponthieu, il faut passer par la rue de Berry où demeure mademoiselle Trente-six-Vertus, je crois que je ferais bien de monter chez elle.

— Vous êtes folle ! à deux heures du matin. Prenez avec vous le valet de pied.

La femme de chambre ne répliqua plus parce qu'elle connaissait bien Lucia.

Dès qu'elle fut à la porte la cantatrice murmura :

— Est-il possible qu'il aille chez cette fille !

Et songeant au combat dans la voiture.

— Pauvre Charles! dit-elle, je l'ai mordu jusqu'au sang.

Elle oubliait déjà qu'Abelle lui avait bleui les mains et qu'elle avait les pieds meurtris.

Elle rappela Caroline.

— Vous lui direz qu'il me rapporte mes lettres à l'instant même.

— Et s'il n'est pas chez lui, madame ?

— Vous irez chez cette demoiselle, vous direz que je suis à toute extrémité. Il faut que je le voie.

Quand la femme de chambre arriva devant la maison où demeurait Charles Abelle — tous les jours de midi à trois heures, le temps de changer de chemise et d'écrire une lettre — Charles Abelle y arrivait lui-même comme un homme qui n'est pas pressé de rentrer chez lui. Il avait frappé sur son chemin à une porte hospitalière, mais la place était occupée. Il cherchait dans ses souvenirs s'il n'y avait pas dans le quartier une autre petite amie pour le consoler de sa grande amie.

Il reconnut Caroline.

— Que diable faites-vous ici à cette heure !

— Je vous cherche.

— Pourquoi faire !

— Ah ! c'est le secret de madame. Elle veut vous voir.

La femme de chambre éclata de rire :

— N'oubliez pas d'apporter ses lettres, car c'est là le prétexte.

Abelle à son tour éclata de rire.

— Ses lettres ! voilà une prétention ! Est-ce qu'elle s'imagine que je fais collection d'autographes ? Ses lettres, il y a longtemps qu'elles sont envolées. Allez dire à votre maîtresse — que je suis ici par ma volonté souveraine et que je n'irai chez elle — que par la force des baïonnettes.

— Des baïonnettes ? Attendez.

Et Caroline qui avait des bras robustes, les agita vigoureusement pour remettre l'amoureux dans son chemin. Il voulut riposter, mais il fut battu parce qu'il fut retenu par la pudeur :

Caroline avait les plus beaux seins du monde, disaient les amants de Lucia.

Quand il arriva devant l'hôtel de Lucia précédé du valet de pied, suivi de la femme de chambre, comme un malfaiteur entre deux sergents de ville, il entendit fermer une fenêtre.

C'était Lucia qui s'était avancée sur le balcon avec anxiété.

Charles Abelle ne voulait pas monter. Caroline le prit à bras le corps et lui fit sauter deux marches, car elle était plus forte que lui.

— Non, dit-il, voulant rebrousser chemin. Je ne sais pas ce que je viens faire ici.

A cet instant la femme de chambre qui tenait bon, vit apparaître Lucia sur l'escalier.

—Madame! madame! venez à mon secours.

Lucia qui n'écoutait plus que sa passion descendit quatre à quatre et tendit ses bras à son amant.

— Quoi, lui dit-elle en le couvrant de baisers, tu ne serais pas revenu tout seul?

III

Un épouseur en queue de poisson

Lucia était la femme des raccommodements. Quand les femmes sont à mille lieues des aubes virginales, quand elles ont franchi sans vergogne toutes les stations de l'amour — de l'amour qui descend, — elles recherchent les émotions violentes, comme les gourmands qui finissent par le poivre de Cayenne. Elle avait dit adieu à tout jamais aux promenades amoureuses, aux rêveries sentimentales, aux causeries au coin du feu. Elle cherchait la tempête, elle appelait la foudre. Ce n'était pas la première fois que Charles Abellé « lui tombait dessus » et qu'elle le mordait dans la bataille. Jusque là on finissait toujours par se pardonner, tout en savourant les ivresses éperdues de la passion.

L'amoureux savait toutes les forces de son despotisme sur Lucia. C'était toujours elle qui revenait la première. Il revenait lui-même sans conditions, mais souvent comme un chien qui montre encore les dents, même quand il caresse.

Lucia adorait son amant et elle avait peur de lui.

S'il était son maître, il n'était pas le maître dans la maison. Il fallait souvent le cacher. Quand on donnait un dîner de prince, il ne dînait pas à l'office, mais Lucia lui disait ceci, où à peu près : « Tiens, mon loup, voici un louis, j'ai du monde à dîner. Je boirai à toi et tu boiras à moi. Je vais bien m'ennuyer, mais tu viendras après minuit. » Quelquefois Lucia disait: « Tu viendras pendant la soirée sous prétexte de me faire chanter. » Charles Abelle prenait le louis comme il eût pris un cachet, sans humiliation. Il y a des grâces d'état.

Il s'avisa un jour de se dire qu'il ne se jouait pas assez bien de Lucia. Elle le traitait trop légèrement en public — et trop doucement en particulier — il résolut de jeter le masque et de prendre une figure, s'imaginant qu'il pouvait se tailler un caractère dans l'étoffe des Don Juan et des Lovelace.

C'était peu de temps après la scène de la voiture. Il ne voulait pas retourner dans le monde pour y avoir un rôle aussi effacé. Il jugea que Lucia avait assez d'argent ou assez de diamants pour mettre tous ses princes à la porte.

Un soir qu'elle voulait le retenir et qu'il voulait aller au bal de l'Opéra, il lui dit tout à coup :

— Je veux bien te faire le sacrifice de toutes mes aventures — parce que je t'aime, — mais tu me feras le sacrifice de tous tes amants — parce que je suis jaloux.

Cette déclaration de principes alla au cœur de Lucia.

— Mon loup ! lui dit-elle, tu sais bien que c'est impossible. Je n'aurais pas de quoi payer les contributions de mon hôtel. Et mes chevaux et mes robes ! Tu veux que j'aille à pied ! Tu veux donc que j'aille toute nue.

— Oui, tu iras à pied et tu mettras une robe d'indienne. Je ne m'oppose pas d'ailleurs à ce tu ailles toute nue.

— Comme Ève! mais Ève n'avait pas péché. Ah! mon pauvre ami, tu ne sais pas ce que coûtent les feuilles de vigne en 1869. Tu parles de robe d'indienne, cela me va au cœur. Mais une robe d'indienne, si je ne la fais pas moi-même, me coûtera 500 francs de façon.

— Oui, dit Charles Abelle, en toutes choses c'est la façon qui ruine; mais enfin tu as quelqu'argent à la Banque ou chez un notaire.

— Ah! mon cher, moins que rien. Croirais-tu qu'après toutes mes bonnes fortunes, j'ai à peine vingt-cinq mille livres de rente.

— C'est bien quelque chose, avec tes diamants et ton hôtel.

Lucia jugeait que ce n'était rien.

— Mes diamants! Est-ce que tu t'imagines que je vais les vendre? Vois-tu, le proverbe dit : « L'honneur est un diamant que la vertu porte au doigt. » Quand on ne s'appelle pas la vertu il faut porter d'autres diamants.

— Il y a des femmes du monde qui n'ont que

des parures de Bourguignon, ce qui ne les empêche pas d'aller partout.

— Es-tu bête! plus on reconnaît chez elles le faux diamant, plus on découvre la femme honnête. Mais que découvrirait-on sous le faux diamant, si on me regardait? Une fille perdue, qui a tout perdu.

Abelle mordillait son cigare.

— Si tu m'aimais un peu, tu pourrais bien me sacrifier ton hôtel.

— Mon hôtel? Mais où veux-tu que je me loge? Vas donc voir les palais de ces dames. Ici je n'ai pas de place pour mes robes. Mes chevaux sont logés dans le sous-sol. Mes gens sont au grenier.

— Ma chère, tu déraisonnes. Ton hôtel vaut quatre cent mille francs. Si tu le vendais, tu aurais cinquante mille livres de rente. Que dis-je! cent mille livres de rente dans les emprunts étrangers.

— Oui, murmura Lucia, qui s'abandonnait pour un instant aux idées de son amant, je deviendrais alors un beau parti. Est-ce que tu me demanderais ma main?

— Peut-être un jour ou l'autre?

Lucia pensa avec orgueil qu'il y avait déjà à Paris plus d'une actrice mariée fort à la mode dans le meilleur monde. Elle pensa à toutes les cantatrices qui s'étaient mariées et qui devenaient des femmes accomplies. Elle pensa que tout s'oubliait. Mais elle ne connaissait pas cette vieille maxime qui poursuit la luxurieuse jusqu'au delà du tombeau : « La beauté passe, la pêcheresse reste. »

— Tu sais, reprit-elle, en prenant les mains de Charles Abelle, que je serais capable de faire cette folie là pour toi! Ah! comme l'amour métamorphose une femme! Je ne me reconnais plus.

Et Lucia rappela que, naguère, elle n'aimait la vie qu'au milieu du tapage. Il fallait qu'une fête succédât à une autre fête, l'orgie à l'orgie. Son atmosphère, c'était la trahison ; il lui fallait quatre amants à la fois. Elle les armait les uns contre les autres ; il fallait qu'on se battît et qu'on se ruinât pour elle. Aujourd'hui tous ces bruits du dehors l'ennuyaient. Elle n'avait plus qu'un souci : trouver une heure pour être seule avec son amant. Aussi disait-on dans le monde galant, qu'elle perdait de son entrain. La pensée ne venait à qui ce fût d'attribuer cela à l'amour. On ne croyait pas qu'elle pût tomber dans cette « bêtise là. »

— Eh bien ! mon loup, j'y songerai, dit-elle en baignant ses yeux dans les yeux de Charles Abelle.

— Tu y songeras, mais il sera trop tard.

— Que veux-tu dire ?

— Je veux dire que je suis à bout d'humiliation. Mon amour seul a pu me donner la force de braver tous ces déboires. Je ne suis pas le premier venu.

Charles Abelle rappela avec complaisance qu'il avait été bien élevé. Un jour qu'il rapportait à son père le prix d'honneur remporté au lycée, sa mère dit tout haut en pleurant : « — J'ai toujours dit qu'il serait l'honneur de la famille. »

— Sans toi, reprit-il, en embrassant Lucia, j'abandonnais la musique, je retournais à l'École de droit et je devenais un avocat célèbre.

— Oh ! oui, lui dit-elle, car tu as une langue d'or et une langue de serpent.

— Par malheur, ma chère Lucia, quand je

te vois, je n'ai plus que la force de tomber dans tes bras.

Charles Abelle ne pensait pas un mot de ce qu'il disait. Il avait brûlé ses vaisseaux, il n'avait plus rien à attendre de sa famille. Il n'avait pas le courage de demander à la société son droit au travail. Il avait efféminé son caractère jusqu'à n'en avoir plus. C'était un homme à la mer — ou à la femme — ce qui est bien pis.

Il avait vaincu Lucia l'invincible. Il pillait, il ravageait comme en pays conquis. Il ne voulait pas reperdre de terrain. Mais ce jour-là, il eut beau faire valoir ses droits, il eut beau montrer ses caresses et ses vengeances, ses sourires et ses dents, Lucia lui dit qu'elle l'aimait jusqu'à en mourir, mais qu'elle était trop accoutumée au luxe pour abandonner sa vie dorée. Elle répétait sans cesse que ses amies seraient trop contentes si elle ne leur prenait plus leurs amants.

— Quoi, lui dit-elle, tu n'es pas fier d'avoir pour maîtresse une femme qui a une cour de princes ! une femme qui courbe toutes les têtes devant ses caprices !

— Il y a bien de quoi être fier, dit Charles Abelle. Quand un de ces « mufles là » paraît, il faut que je disparaisse. Mais je me vengerai. Un de ces jours je piétinerai leurs blasons !

— Moi aussi, nigaud, je piétine leurs blasons. Mais n'oublie pas qu'ils sont sur fond d'or.

IV

L'amant de la fille et l'amant de la mère.

Charles Abelle n'attendit pas longtemps l'occasion de se venger, car il était encore renversé sur les genoux de Lucia, quand on annonça un prince en *off*.

— Vite, va-t-en! lui dit-elle.

— Non! répondit-il.

Ce *non*, fut dit avec un accent de volonté qui inquiéta Lucia.

Ils s'étaient levé tous les deux: Elle le prit doucement dans ses bras et l'entraîna vers la porte.

— Non, dit-il encore en prenant racine sur le tapis.

—Songes à tout ce que le prince m'a donné, à tout ce qu'il me donnera encore ! Je t'en supplie, mon loup, va-t-en ou mets-toi au piano.

— Au piano !

On rendrait mal avec quelle expression Charles Abelle exclama « au piano. »

Cependant la porte s'ouvrit.

— Mon cher prince, dit Lucia, je ne suis pas allée à votre rencontre, parce que j'étudiais avec mon accompagnateur.

Le prince passa fièrement devant Charles Abelle — toujours enraciné.

— Lucia appelle cela étudier, dit l'amant d'un air ironique.

Le prince ne savait pas de quelle oreille il entendait. Il s'indignait à demi qu'un pianiste osât appeler sa déesse par son petit nom.

La comédienne essaya de mettre un peu d'eau dans le vin de Suresne de Charles Abelle.

— Il a raison, dit-elle, je n'étais pas du tout disposée aujourd'hui. J'ai exaspéré le piano et le pianiste.

Elle fit un pas vers son amant — celui du cœur.

— Adieu, mon cher ami, ne m'en veuillez pas. Revenez bientôt.

Mais Abelle n'était pas déraciné.

— Non madame, dit-il tout haut, je ne reviendrai pas.

— Eh bien ! dit le prince impatienté, on se passera de vous, monsieur le pianiste. Je suppose qu'il y a toujours à Paris un second accompagnateur.

— Oui, monsieur, dit Charles Abelle en éclatant, un second accompagnateur pour me servir de second et pour châtier votre impertinence.

Et comme le prince regardait le pianiste avec quelque surprise.

— Nous touchons du piano, mais nous touchons de l'épée ! continua-t-il.

— Il est fou, dit Lucia au prince, ne l'écoutez pas !

— Je ne suis pas si fou que cela, c'est madame qui perd la tête. C'est entendu, n'est-ce pas, monsieur, que nous nous battrons.

— Allons donc, mon cher, je ne suis pas un Don Quichotte, je ne me bats pas avec des pianos. Allez jouer avec vos pareils.

Charles Abelle se déracina un peu pour s'avancer vers le prince.

— Ah! vous ne voulez pas me prendre au sérieux! Eh bien! monsieur, je vous ordonne de sortir d'ici, car je suis ici chez moi.

— Chez vous! C'est vous qui avez payé cette maison? madame n'est pas chez elle?

Le des Grieux fut un peu désarçonné. Mais il ne resta point court.

— Lucia est chez elle, comme je suis chez moi, puisqu'elle est ma maîtresse et que je suis son amant.

Le prince prit son chapeau qu'il avait posé sur le piano.

— N'en croyez pas un mot, dit Lucia éperdue.

Le prince s'éloigna en silence sans retourner la tête.

— Nous nous battrons n'est-ce pas, dit Charles Abelle.

Et avec un cynisme que Junéval seul pourrait peindre :

— Vous ne pouvez pas me refuser de vous battre, puisque nous avons servi dans le même régiment.

Lucia avait sonné. Un valet de chambre entra.

— Reconduisez monsieur, dit-elle, en montrant Abelle.

Le valet de chambre ne comprit pas bien et sortit à la suite du prince qui venait de dépasser le seuil de la porte.

Quand Lucia et son amant furent seuls, ils se regardèrent comme deux bêtes féroces qui vont obéir à leur colère.

Ils ne dirent pas un mot, parce qu'ils ne trouvaient pas un mot assez énergique pour la situation.

Lucia, comme une tigresse, s'élança la première.

— Eh bien! s'écria-t-elle, je te jetterai moi-même à la porte!

Elle voulut entraîner Charles Abelle. Elle l'avait déjà marqué de ses griffes. Lui, plus cruel, contenait sa fureur pour mieux assurer sa vengeance. Mais, comme du premier coup Lucia l'avait fait reculer de trois pas, il la saisit par les bras et la jeta à ses pieds. Elle se releva toute échevelée; elle s'enroula à lui comme un serpent.

Le valet de chambre était revenu croyant qu'on l'avait rappelé, il comprit et ferma prudemment la porte.

Charles Abelle voulut dénouer les bras de Lucia. Mais, comme elle le frappait aux jambes, du haut du talon de ses bottines, il la meurtrit de ses deux mains comme avec des tenailles de fer.

Ce fut horrible! Si je ne voulais montrer ici les abominations de ces amours qui sont la honte de l'amour, je passerais devant ces hideux tableaux. Mais il faut qu'on sache bien jusque dans quel enfer tombent ces damnées de la passion qui n'iront plus jamais se désaltérer aux sources vives.

Quand Charles Abelle voulut rejeter Lucia à ses pieds, il tomba avec elle. Ils roulèrent ensemble sur le tapis, écumant de rage, voulant se tuer tous les deux, retrouvant encore en eux des laves de mépris.

Enfin, ils se relevèrent.

— Ah! pour cette fois, dit Lucia, c'est bien fini!

Charles Abelle s'était approché de la cheminée pour regarder dans la glace s'il n'était pas trop avarié. Sa chemise était en lambeaux ; il avait une griffe sur la joue, ses cheveux étaient dans le plus beau désordre. Il tordit ses moustaches comme s'il se demandait un conseil. Tout à coup il leva la main pour sonner.

— Tout à l'heure, dit Lucia, donnez-moi le temps de me rajuster un peu.

Sa robe blanche était toute frippée, elle la repassait avec ses mains.

— Pourquoi voulez-vous sonner?

— Je veux qu'on m'apporte ici mon manteau.

— Vous le trouverez dans l'antichambre.

— Je veux sortir d'ici, madame, avec tous les égards qui me sont dus.

— Oui, tous les égards dus à un — pianiste.

Ce n'était pas ce mot là qu'elle voulait dire. La preuve, c'est que Charles Abelle fut sur le point de se remettre en colère.

Il sonna, — en arrachant le cordon de la sonnette. — Lucia se mit en toute hâte au piano, croyant qu'on ne savait pas déjà chez elle qu'elle venait de se battre avec son amant.

On apporta le mac-farlane à Abelle.

— Adieu, madame, dit-il quand le valet de chambre fut sorti. Que toutes les hontes que j'ai bues dans cette maison retombent sur vous.

— Allez, monsieur! allez! vous en boirez bien d'autres.

Lucia couvrit cette réponse par un air d'Offenbah.

— Moi aussi, dit-elle, j'accompagne la chanson.

Charles Abelle avait pris le bouton de la porte. On pouvait juger que c'en était trop, que ces deux natures, perverties jusqu'à la moelle des os, ne pourraient se regarder sans rage.

D'où vient qu'une heure après, Lucia avertit son maître d'hôtel que « M. Charles Abelle » dînerait?

M. Charles Abelle ne dînait pas à la fortune du pot, il aimait les chatteries, les truffes et les confitures; il fallait que le vin de Champagne fut bien frappé; on conservait pour lui seul du vin de Constance, afin qu'il en eût beaucoup; c'était le mot de la cuisine.

Abelle était demeuré par la loi même de

ces épouvantables passions qui puisent leur force dans leur ignominie.

Le dîner fut charmant. Lucia baisait sans vergogne devant ses gens, la joue même qu'elle avait griffée.

— C'est bien meilleur, disait-elle.

Et elle ajoutait, avec le sourire du pardon.

— C'est égal, tu m'as fait trop de bleus.

— Avec tout cela, dit tout à coup mélancoliquement Charles Abelle, j'ai un duel sur les bras.

— Allons donc! s'écria Lucia en prenant sur son sein la tête de son amant comme pour le défendre de l'épée du prince. Si le prince était resté, à la bonne heure. Si je le revois, je lui dirai que le duel a eu lieu entre nous.

— Oui, au premier sang.

On était au vin de Constance.

— Tu sais, reprit Lucia, que je joue ce soir, mais je vais t'enfermer dans la chambre, avec des livres, des journaux et cette jolie bouteille qui a si bon air.

— Oui, dit Charles Abelle en regardant ce qui restait dans la bouteille, mais n'oublie pas les cigares.

— Non, mon loup. Tu sais bien d'ailleurs que tu es le maître ici.

Quand Abelle fut seul dans la chambre à coucher de Lucia il se rappela ces paroles.

— Oui, je suis maître ici, dit-il. Je ne l'oublierai pas.

Et avec un sourire :

— C'est comme à la guerre, il faut livrer bataille et prendre la place d'assaut.

Le lendemain matin Lucia dit à son amant qu'elle n'avait jamais été si heureuse.

— Tu seras encore plus heureuse quand j'aurai piétiné sur tous tes princes comme j'ai fait hier.

— Tu m'en laissera un, lui dit-elle. Mais il ne viendra chez moi que les jours de pluie.

— Oui, s'il est bien sage, dit cyniquement Charles Abelle.

V

Dettes de jeu et dettes de cœur

Quelque temps se passa. On disait que Lucia se retirait du monde parce qu'elle était amoureuse comme une louve de celui qu'elle appelait son loup.

Or Charles Abelle était son mauvais génie. Il lui conseilla de ne pas renouveler son engagement au Théâtre Lyrique. Elle avait des appointements pour rire, mais une cantatrice sans théâtre est une statue sans piédestal.

On jugea que Lucia ne chanterait plus. Elle avait toujours eu plus de voix que de méthode, on ne l'avait jamais prise au sérieux. La courtisane servait la cantatrice comme la cantatrice servait la courtisane. Quand la cantatrice tomba, la courtisane tomba de toute sa hauteur.

Charles Abelle lui avait permis un dernier prince les jours de pluie, mais le dernier prince ne vint même plus les jours de beau temps.

Elle vendit son premier diamant ne pouvant se décider à rompre sa vie à travers tous les luxes.

Ce fut Charles Abelle qui vendit le diamant sous prétexte que Lucia n'entendait rien aux affaires. C'était un admirable cabochon en forme de poire que la comédienne avait mis dans son petit musée de bijoux, une vraie poire pour la soif.

Il lui avait été donné par un prince moldave qui n'en savait pas le prix, héritage de famille, condamné trop longtemps à ne pas courir le monde. Il allait reprendre sa revanche.

— Quatre-vingt mille francs! dit Charles Abelle tout joyeux, en revenant de chez une femme à la mode.

Et il éventa sa maîtresse en agitant quatre-vingts billets devant ses yeux.

— Il n'y a pas de quoi rire, dit Lucia. J'ai

envie de pleurer, il me semble qu'on m'arrache le cœur.

Elle prit les billets.

— Qu'est-ce que cela? des chiffons! J'en ai tant jeté au vent.

— Dieu merci! dit Charles Abelle, je voudrais bien en ramasser quelques-uns. Tu sais que j'ai des dettes criardes.

— Des dettes criardes, mon loup! Pourquoi ne me disais-tu pas cela plutôt.

Lucia réfléchit :

— Dites-moi, monsieur, comment faites-vous des dettes ? Est-ce que vous entretenez des demoiselles de condition?

Lucia rappela à son amant que depuis qu'elle avait mis son monde à la porte il avait vécu chez elle à ce point qu'il ne gardait même pas son chenil de la rue de Ponthieu. Il ne sortait que pour aller dans le monde, à ce qu'il disait. L'argent de poche, il le prenait sur la cheminée de Lucia qui pareille aux médecins célèbres montrait toujours une poignée d'or. L'or appelle l'or.

— Ah! tu as des dettes, mon loup? dis-moi donc dans quel monde tu vas.

— Ma chère Lucia, je vais un peu dans tous les mondes, dans le meilleur et dans le plus mauvais. Je ne suis pas une demoiselle à marier.

— Tu joues donc?

Lucia venait de tendre la perche à son amant qui la prit à deux mains.

— Je ne joue plus parce que j'ai trop joué ; je ne voulais pas te le dire. Tu ne t'imagines pas tout ce qu'il m'a fallu de génie pour emprunter ici, pour emprunter là. Il fallait payer dans les vingt-quatre heures! Et maintenant je cours d'inquiétude en inquiétude.

Abelle parla si naturellement que la comédienne y fut prise.

— Mon cher loup! voilà donc pourquoi tu était distrait! Que faut-il que je te donne ?

— Je ne veux pas que tu me donnes, je veux que tu me prêtes. Ma famille payera cela un jour.

Charles Abelle faisait toujours apparaître sa famille, comme un criminel fait apparaître ses complices. La vérité, c'est qu'il ne devait espérer prendre un jour que bien peu de chose dans ce modeste héritage. Et d'ailleurs son père et sa mère n'avaient pas un siècle à eux deux. Jusqu'à leur mort il n'attendait plus rien, parce qu'il les avait surmenés par ses cris de détresse.

— Eh bien ! reprit Lucia, je ne compte pas avec toi. Te faut-il dix mille francs, vingt mille francs ?

— Oui, vingt mille francs, répondit Charles Abelle. Peut-être me restera-t-il quelque chose que je te rapporterai, car, une fois ces dettes de jeu payées, que me faut-il pour être heureux ? ton cœur d'or ! Voilà toute ma fortune.

Et il embrassa Lucia avec effusion comme s'il se fondait en amour et comme si elle se fondait en or.

— Nous allons au Bois, n'est-ce pas ? lui dit-elle.

L'amour l'aveuglait à ce point qu'elle trouvait tout simple de montrer son amant partout, elle qui jusque-là s'était toujours montrée toute seule pour ne pas faire de jaloux.

Charles Abelle ne voulut pas aller au Bois.

— Viens donc, mon loup, reprit Lucia.

— Non ! pas aujourd'hui. Je n'ai qu'un désir, c'est de courir payer mes dettes.

Or, quelles étaient les dettes de Charles Abelle ? C'était des dettes de cœur.

On vous a déjà parlé d'une demoiselle de condition — elle avait été cuisinière — surnommée Trente-six-Vertus. J'ignore l'origine de ce baptême galant. C'était une rusée coquine qui faisait danser l'anse du panier dans la cuisine de M. de Cupidon. Née en Bourgogne, où elle avait tété la vigne de bonne heure, elle n'était pas haute en couleur, mais elle était haute en gaieté. Venue à Paris à seize ans avec les vagues aspirations de la fortune à tout prix, elle s'était dit qu'il n'y a pas de sots métiers. Elle était entrée — bonne à tout faire — chez une fille de son pays qui faisait l'amour. Elle avait jugé bien vite que c'était moins difficile que de faire la cuisine. Aussi comme elle était fort jolie — fort piquante, selon l'expression des poëtes rococos, — elle avait d'abord fait patienter les amoureux pendant les absences de sa maîtresse — si bien patienter qu'un jour la dame ne trouva plus ni sa cuisinière ni son amant en titre.

Moralité : ne jamais mettre dans sa cuisine une bonne à tout faire.

On sait comment l'esprit vient aux filles. Mademoiselle Caroline, surnommée Trente-six-Vertus, — je ne sais toujours pas pourquoi, si ce n'est par antiphrase — eut bientôt beaucoup d'esprit. Elle était douée d'ailleurs d'une belle malice naturelle, sucée dans le lait bourguignon, ou plutôt dans la vigne bourguignonne.

Dès qu'elle se fut jetée la tête la première parmi les filles de troisième ordre qui encombrent les avenues du vice parisien, elle fit du bruit par ses saillies. Parler beaucoup dans ce monde-là, c'est l'éloquence. Caroline parlait toujours. Quelle est celle qui, à force de remuer des bêtises, n'arrive à trouver un mot spirituel ? C'est le bon lot de la loterie.

Elle ne fit pas comme les nourrices bourguignonnes qui laissent un nourrisson au pays et qui envoient dans leur famille les mois de nourrice. Elle vécut au jour le jour, sans souci du lendemain, affolée des belles robes et des bijoux de pacotille. Elle prenait dans toutes les mains, il ne lui restait jamais un sou. L'intérieur de la courtisane, c'est le tonneau des Danaïdes, — si vous me permettez cette vieille expression.

Abelle avait rencontré à souper mademoiselle Trente-six-Vertus. Elle l'avait ravi par son entrain diabolique. Il s'imagina que ce n'était que le caprice d'une heure, mais ce fut une vraie passion. Il prenait une femme — en passant — comme une bouteille de vin de Champagne. En une heure d'amour il croyait que la bouteille était bue, il détournait les lèvres et n'y revenait pas.

Sa figure et sa « blague », lui avait conquis beaucoup de ces créatures qui donnent des heures de leur vie sans rien donner. Simple question de désœuvrement. Comme on le voyait depuis longtemps avec Lucia, une dédaigneuse par excellence, on jugeait qu'il était irrésistible, on ne faisait pas de façons avec lui. D'ailleurs, c'était un homme sans conséquence. De son côté, il disait que c'étaient des femmes sans conséquence, se prenant aujourd'hui à celle-ci, demain à celle-là. Gais entr'actes dans sa comédie sérieuse avec Lucia.

La cantatrice apprenait bien ça et là que son amant parlait à ces créatures, mais elle ne pouvait s'imaginer qu'on s'attardât dans ce troisième dessous, quand on a pour maîtresse une fille comme elle, qui avait eu une cour de princes.

Il y a trois classes de courtisanes à Paris, — sans compter celles qui jouent leur jeu avec des cartes du préfet de police. — Or, il y a peut-être plus loin de la courtisane altière qui dit à son valet de pied, *aux Italiens* ou *à l'Hôtel,* à la courtisane qui trotte menu sur les placers du boulevard des Capucines, que de la duchesse à la bourgeoise. Aussi Lucia ne voulait pas s'inquiéter des caprices de son amoureux. Mais j'oubliais de dire pourquoi Charles Abelle, adoré de Lucia, était fou de mademoiselle Trente-six-Vertus.

C'est que cette fille, qu'il avait voulu dompter comme on fait d'un cheval rétif, l'avait roulé à terre tout en se ruant sur lui. Cette bourguignonne était indomptable dans sa gaieté. Elle n'avait jamais eu son quart d'heure de sentiment. Elle se moquait de tous les hommes, ne comprenant pas que l'amour fut autre chose qu'un éclat de rire. Charles Abelle qui avait de hautes prétentions à dominer les femmes, fut surpris d'abord de cette moquerie intarissable. Il voulut vaincre, il combattit à outrance, il se passionna, il fut pris à son jeu et ne prit pas Caroline.

Toute rieuse qu'elle fût, elle vit bien qu'il était amoureux d'elle. Elle en eut d'abord quelque fierté, car dans ce monde-là on ne juge pas les hommes pour ce qu'ils sont, mais pour ce qu'ils paraissent : Charles Abelle était à la mode dans la fripouillerie. Il amusait les unes en jouant du piano, il amusait les autres parce qu'il avait lu avant elles les petits journaux, — je veux dire les grands journaux.
— Celles-ci le trouvaient beau parce qu'il avait une tête de perruquier endimanchée, celles-là le trouvaient spirituel parce qu'il se moquait d'elles.

Mademoiselle Trente-six-Vertus ne faisait pas de façons pour recevoir tous les jours les deux ou trois louis que Lucia donnait à Charles Abelle, comme argent de poche. Naturellement il parlait de sa famille. Peu à peu après avoir été fière de cet amour, la ci-devant cuisinière en fut heureuse. Les petits louis entretiennent l'amitié. Et puis l'amour finit par créer l'amour. Elle continuait à rire, mais elle lui disait : — Je t'aime mieux que les autres.

— Être mieux aimé que les autres, c'était le sort — je me trompe, — c'était l'idéal de cet homme qui recevait de la main droite ce qu'il donnait de la main gauche sans rougir ici, puisqu'il n'avait pas rougi là-bas.

Il se réveilla un jour, amoureux fou, de mademoiselle Trente-six-Vertus. Il dormait encore à moitié, il embrassa furieusement Lucia, il s'était trompé de figure.

— Pourquoi n'est-ce pas si bon ? se demanda-t-il.

Il se leva en toute hâte et courut chez Caroline.

— Ah ! comme je t'aime ! s'écria-t-il en l'embrassant à perdre haleine.

Ce cri là, c'était le cri de la mort de Lucia.

Voilà pourquoi Charles Abelle avait des dettes de cœur, voilà pourquoi il emprunta sans vergogne, vingt mille francs à sa maîtresse la riche, pour porter à sa maîtresse la pauvre. Il trouvait depuis longtemps déjà que

Caroline était digne d'un piédestal. Elle vivait comme toutes les filles — du troisième dessous, — dans un hôtel meublé indigne d'elle et de lui. Habitué qu'il était au grand luxe par Lucia, il ne venait pas chez Caroline sans s'indigner de cet ameublement d'occasion qui avait été à tous et à toutes.

Pourquoi donc Caroline qu'il jugeait plus belle que Lucia, n'aurait-elle pas aussi ses grands jours ? Elle avait été cuisinière ! mais Lucia n'avait-elle pas fait l'apprentissage de la vie dans la loge d'une portière ? Lucia était devenue cantatrice, mais Caroline ne pouvait-elle pas devenir comédienne ? On citait déjà ses mots dans les soupers et aux courses.

Des vingt mille francs de la cantatrice, Charles Abelle fit deux parts : une pour Caroline et une pour lui. On était près du jour de l'an.

— Je vais te faire une surprise, dit-il à la ci-devant cuisinière.

En effet, le premier janvier, il se présenta chez elle à onze heures et lui dit solennellement :

— Viens, que je te conduise chez toi.

Il la mena rue de Berry dans un joli appartement où il avait réuni des meubles de toutes les paroisses.

— Quoi ! un piano ! s'écria Caroline.

Et elle joua au clair de la lune en s'accompagnant d'un coup de poing.

— Tout cela est à moi ? reprit-elle.

— Oui, ma chère, même le propriétaire, car c'est un bourguignon.

— Mais je n'en crois pas mes yeux !

Caroline se mit à danser et à chanter comme si elle eût ouvert la porte de la Californie.

— Oh ! le beau lit, s'écria-t-elle tout à coup. Mais tu sais, je vais t'enfermer dans ma chambre à coucher et tu ne retourneras chez ta princesse que demain matin.

— Allons ! pensa Abelle, voilà que j'ai deux prisons.

VI

La peine du talion

A minuit, l'amoureux en partie double était fort attendu en l'hôtel de Lucia. Il lui avait dit qu'il dînerait en famille, mais qu'il viendrait faire le réveillon avec sa maîtresse.

Il faisait le réveillon avec sa maîtresse, mais ce n'était pas Lucia.

A minuit un quart, Lucia avait vingt fois retourné les cartes du jour de l'an avec un sentiment de mélancolie, disant : — Ils pensent encore à moi. — C'était des cartes armoriées ou portant des titres de princes, de marquis et de comtes. A peine si les barons osaient s'aventurer en si haut lieu.

Cependant, Charles Abelle ne venait pas. Qui pouvait donc le retenir? Depuis onze heures elle l'attendait la fièvre au front. Que pouvait-il faire?

— On s'ennuie dans sa famille : il est impossible qu'il reste si tard chez son frère.

Elle appela sa femme de chambre.

— Caroline! veillez à ce que Jean se tienne prêt à porter une lettre.

— Mais madame ne sait donc pas qu'il est plus de minuit.

— Je ne connais pas les heures. Avertissez Jean et revenez.

Et quand Caroline fut revenue :

— Dites-moi, ma sœur la comtesse d'Aspremont vous a bien dit qu'elle viendrait demain, n'est-ce pas?

A l'occasion du jour de l'an, Lucia qui, à force d'amour pour Charles Abelle, croyait dépouiller la courtisane et remonter vers sa vertu, avait écrit une lettre fort tendre à sa sœur — la comtesse d'Aspremont. — Elle n'oubliait jamais, quand elle parlait d'elle, de dire « ma sœur, la comtesse d'Aspremont. »

Colombe, cette petite enlumineuse de gravures qui était devenue une vraie dame, presqu'une grande dame, avait été touchée de la lettre de Lucia, une lettre où la cantatrice avait supplié sa sœur de lui pardonner en lui donnant la main le lendemain matin à huit heures, à la messe de la Madeleine. Colombe avait répondu elle-même à la femme de chambre :

— Je n'irai pas à la Madeleine, mais j'irai chez Lucia.

Réponse inespérée ! grande joie de la comédienne, qui s'était dit tout de suite : — Si j'épousais Charles Abelle, ma sœur me reverrait.

— Comme elle est jolie votre sœur, madame ! reprit Caroline. On dirait un ange avec sa blancheur et ses yeux bleus. Rien qu'à voir ces figures-là, on a envie d'aller à la messe.

— N'est-ce pas ? dit Lucia. Et quand je songe que je voulais lui donner des amants ! Ce que c'est que de perdre la tête dans les premières folies ! Mais je suis bien revenue de ces idées-là !

— On s'en aperçoit, murmura Caroline avec un air de reproche. Dieu merci, l'an passé au jour de l'an, on ne pouvait pas faire un pas dans le salon sans marcher sur les cadeaux. Cette année ? Rien. A peine des bonbons.

— Eh bien ! je suis fière de ma solitude. Je voudrais n'avoir jamais connu personne.

— C'est égal, vous êtes comme les princes qui se moquent des titres de noblesse, maintenant que vous avez un hôtel et des diamants, vous crachez sur les comédiennes. Voulez-vous que je vous donne un conseil, madame ? pour le premier jour de l'année, ce sera mon cadeau.

Mademoiselle Lucia se reprochait toujours de trop causer avec sa femme de chambre, mais elle ne pouvait pas rompre avec cette mauvaise habitude. Elle dit à Caroline :

— Voyons ! Parlez, mais, de grâce, ne dites pas de bêtises.

— Eh bien ! je parlerai sans façon. Madame veut finir comme tant d'autres, par un mariage. Ce ne sont pas mes principes, mais, enfin ! Je comprendrais que madame tentât l'aventure avec un homme titré ; ça a bon air, on est quelque chose. Mais avec un pianiste !

Lucia contint sa fureur, elle s'étonnait que cette fille osât parler aussi franchement.

— M. Abelle n'est pas un pianiste, c'est un fils de famille. Il peut aspirer à tout.

— Encore, s'il aimait madame !

— Je ne sais pas pourquoi vous en doutez, il a tout sacrifié pour moi.

Caroline partit d'un grand éclat de rire.

— Assez ! assez ! dit Lucia, qui ne se contenait plus, je n'ai que faire de vos yeux pour voir clair. Je vous conseille d'avoir pour M. Abelle les plus grands égards. Je vous trouve bien familière avec lui. Vous êtes comme cela, vous autres ! Vous n'estimez les gens que s'ils vous tiennent à distance. M. Abelle a le tort de faire de l'esprit avec tout le monde, même avec vous.

La femme de chambre avait reçu ses étrennes. Elle jugeait que la maison devenait mauvaise, elle riposta très vertement :

— Eh bien ! M. Abelle ne fera plus d'esprit avec moi. Je vois bien que je déplais à madame, je partirai demain pour aller dans mon pays, mais je me permettrai encore un mot. Cette abeille-là n'est qu'une guêpe qui mange le miel de madame et qui lui donnera son aiguillon dans le cœur.

— Allez ! allez ! dit Lucia, partez tout de suite, si vous voulez. Du moins, vous partirez quand nous aurons soupé.

— A quelle heure, madame, soupera-t-elle ?

— Allez ! allez ! Et veillez à ce que tout soit prêt pour l'arrivée de M. Abelle.

— Et s'il ne vient pas ? hasarda la femme de chambre en se retournant à demi.

— S'il ne vient pas !

Lucia bondit comme une lionne. Caroline revint vers elle.

— Écoutez, madame, je n'osais pas vous dire la vérité, mais croyez-moi. Je me rappelle toutes vos bontés, et je ne parle que par amitié, M. Abelle vous trompe.

— Il me trompe ! Vous ne savez ce que vous dites.

— Oui, il vous trompe, avec une fille qui s'appelle Caroline comme moi, une ancienne cuisinière.

— Vous mentez !

Mais Lucia voyait avec désespoir que sa femme de chambre ne mentait pas.

— Je mens si peu, qu'à l'heure qu'il est, M. Abelle et mademoiselle Caroline font réveillon sans s'inquiéter de vous. Si ce n'est pas une horreur !

— Qui vous a dit cela ?

— Eh ! mon Dieu ! cette histoire n'est un secret que pour madame. M. Abelle se ruine avec cette fille.

Lucia pensa à ses vingt mille francs, la lumière se fit enfin sous ses yeux.

— Voyons, êtes-vous bien sûre de ce que vous dites, Caroline ?

Ce nom de Caroline ne voulait plus passer les lèvres de Lucia.

— Oui, madame, une fille de rien du tout, Ah ! on ne comprend vraiment pas que M. Abelle ait pu descendre jusque-là, même s'il n'était pas aimé de madame.

— Si je croyais cela, dit Lucia, je ne le reverrais jamais. Écoutez — Caroline — pas un mot de tout cela, — et surtout ne pensez pas à me quitter. — Oh ! je me vengerai.

Lucia s'était levée, elle avait la tête en feu, elle agitait la main comme si elle allait frapper sa rivale.

Il était plus de minuit et demie. Elle s'approcha de la pendule, elle alla à sa psyché, elle se trouva laide ; elle donna un coup de poing dans la glace.

— Oh ! madame ! s'écria Caroline, vous avez brisé la glace.

— Je l'ai fait exprès, la glace cassée le premier jour de l'an, c'est un signe de malheur. Malheur sur moi ! malheur sur lui !

Caroline était stupéfaite, elle n'osait plus dire un mot.

Le sang bourdonnait dans les oreilles de Lucia.

— N'a-t-on pas sonné ?

— Non, madame.

Si on sonne, qu'on n'ouvre pas. Je veux qu'il passe la nuit à la porte comme un chien.

Et presqu'aussitôt :

— Dites-moi — Caroline — où demeure cette fille ?

— A deux pas d'ici, rue de Berry. Je sais cela, nous avons le même boulanger et la même fruitière.

— C'est peut-être moi qui paye les notes, dit Lucia.

— Pas encore, mais cela viendra, espérons-le.

— Oh ! l'infamie des infamies ! Donnez-moi mon chapeau et ma pelisse.

— Pourquoi faire, madame ? Vous savez qu'il pleut.

— Eh bien ! nous prendrons un parapluie. Il y a cinq ans que cela ne m'est arrivé. Vite ! vite ! vite ! les pieds me brûlent, je sens l'enfer sous moi. Oh ! ma tête !

Lucia porta la main à son front en piétinant.

A cinq minutes de là, elle se promenait par la pluie avec sa femme de chambre sous les fenêtres de cette Caroline qui lui prenait son cœur et son âme.

Trois fenêtres du quatrième étage laissaient transparaître la lumière des bougies.

— C'est là, dit la comédienne. Retirez donc votre parapluie, vous m'empêchez de voir.

Lucia poussa loin d'elle sa femme de chambre.

— Mais madame va être mouillée.

— Eh bien, je serai mouillée, tant mieux ! La pluie me calmera. Qu'est-ce que ces trois fenêtres ?

— A ne vous rien cacher, madame, c'est la

chambre à coucher et le boudoir. Je suis sûre qu'ils soupent dans le boudoir.

Lucia espérait encore que sa femme de chambre se trompait et la trompait. Pourtant la jalousie parlait plus haut que ses dernières illusions.

— Oui! oui! dit-elle, je sens qu'il est là. Il faut que je monte chez cette fille.

Et elle marcha pour traverser la rue.

— Oh! madame! dit Caroline en la retenant; vous ne ferez pas cela!

— Si, je veux monter là-haut, je veux monter, les tuer tous les deux.

— Allons! allons! madame, nous ne sommes pas à la comédie, allons-nous en. Ce n'est pas vous qui êtes à plaindre, c'est lui! perdre une femme comme vous pour une pareille créature, la mort serait trop douce pour lui. Que madame ne lui donne plus d'argent, elle sera bientôt vengée, car cette fille le jettera à la porte avant peu. Il se trouvera entre deux femmes le nez par terre.

Lucia perdait toujours la tête.

— Eh bien! si je ne monte pas, vous allez monter. Vous lui direz que je l'attends.

Nous verrons s'il osera me braver le front découvert, car il s'imagine que je ne sais rien ; il se figure que je crois qu'il est en famille.

La femme de chambre eut beau faire pour retenir sa maîtresse, Lucia pour la décider, s'approcha de la porte cochère et elle sonna résolûment.

La porte s'ouvrit.

— Montez, ou je monte moi-même. Vous direz que je suis malade, vous direz que je suis morte, vous direz tout ce que vous voudrez...

Lucia parlait encore, quand un homme sortit de la maison. Elle reconnut Charles Abelle.

Elle chancela, elle s'appuya sur Caroline. Elle ne trouva pas un mot.

Comme tous les hommes qui n'ont pas d'autres préoccupations que la femme, Charles Abelle ne vit pas deux robes devant lui sans vouloir regarder de près.

— C'est moi, monsieur ! dit gravement Lucia.

Elle était si pâle, sa figure avait pris une si triste expression, qu'il la reconnut à peine, d'autant qu'il ne pouvait s'imaginer qu'elle fût là.

Quoiqu'il fut bon comédien, il fut quelques secondes sans pouvoir parler.

Lucia était à moitié évanouie dans les bras de Caroline.

— Qu'y a-t-il? demanda enfin Charles Abelle.

— Il y a, monsieur, que madame est bien malade et qu'elle ne s'en relèvera pas, répondit la femme de chambre.

— Je ne comprends pas.

— Et moi je ne vous comprends pas, reprit hardiment cette fille.

Le temps des colères était déjà passé pour Lucia. Elle en arrivait à cette nouvelle phase de la passion où l'on ne s'explique plus que par les larmes. Son malheur, si soudainement révélé, lui paraissait si grand qu'elle ne se sentait pas la force de se plaindre.

— J'allais chez toi, reprit Abelle.

— Ah oui! reprit-elle avec amertume, je te trouve sur le chemin. Eh bien! viens chez moi, tu verras ce que tu as fait de moi si je ne meurs pas en chemin.

Il voulut lui prendre le bras, mais elle retrouva toutes ses forces pour le repousser.

— Oh non! dit-elle, ne me tuez pas tout à fait.

On rentra à l'hôtel.

Quand Charles Abelle vit sa maîtresse dans le petit salon où elle l'avait attendu si longtemps, heureuse d'abord, inquiète ensuite, jalouse et désespérée au dernier moment, il fut frappé de sa blancheur de marbre. Tout le sang était au cœur, elle se trouva mal à trois reprises. Il reconnut bien que celle qui avait joué tout le monde ne jouait pas son jeu pour lui.

Oh! comme elle payait bien toutes les tortures qu'elle avait fait subir à Gontran Staller et aux autres.

Elle adorait Charles Abelle, elle lui avait tout sacrifié, son théâtre, sa fortune, son monde. Toute sa vie était en lui désormais. C'était pour lui qu'elle bâtissait dans son imagination son dernier château de cartes : il la trahissait, elle qui était belle, qui était fière, qui était à la mode, pour une fille de la pire espèce.

Et qui sait s'il n'aimait pas cette fille ?

Son premier mot, quand elle put parler, fut celui-ci, dit de la voix la plus douce :

— Mon ami, puisque vous ne m'aimez plus, pourquoi êtes-vous venu ici ?

— Comment, je ne t'aime plus !

Et Charles Abelle se jeta aux pieds de Lucia. Il éclata en sanglots, il trouva des larmes.

Cet homme était capable de tout.

— Mais si tu m'aimes, pourquoi me trahir ?

Charles Abelle voulut d'abord tenter un mensonge ; mais il vit bien que Lucia savait tout.

Il se frappa le cœur, il se maudit tout haut d'être indigne de Lucia, il se roula à terre en implorant son pardon. C'était un quart d'heure de débauche, il jura que jamais il ne retomberait dans de pareilles indignités.

Lucia pleura beaucoup.

— Vois-tu, lui dit-elle, ton amour, c'est ma vie et ma mort. Dis-moi toute la vérité. Si tu m'aimes, je te pardonne. Si tu ne m'aimes plus, va-t-en.

— Ton amour, reprit Charles Abelle, c'est

aussi ma vie et ma mort. Vivre sans toi, ce serait mourir. Vivre avec toi, c'est vivre.

Lucia pardonna.

— Eh bien! se dit Caroline furieuse, il ne me reste plus qu'à faire mes paquets.

— Madame, dit-elle tout haut, voulez-vous me permettre de partir demain matin pour aller voir ma mère?

— Cette nuit si vous voulez, dit froidement Lucia, qui voulait rentrer dans ses illusions.

VII

Parfum de vertu au seuil de la courtisane

Charles Abelle continua son double jeu, jouant la passion avec Lucia, mais n'aimant que l'ex-cuisinière.

On commençait à parler dans le monde des malheurs de la cantatrice. On disait qu'elle était affolée d'un drôle qui la battait et qui la ruinait pour une drôlesse.

On disait d'ailleurs que c'était bien fait, on n'oubliait pas que Lucia, elle aussi, avait joué le double jeu de la tromperie et de la coquinerie. Combien qui avaient souffert! qui s'étaient appauvris sur son chemin! sans parler de ceux qui en étaient morts!

Mais il en est de ceci comme des criminels condamnés à la guillotine. Tant qu'ils ne sont pas jugés on s'indigne de leur crime, quand vient l'heure de la toilette on se prend de pitié pour eux.

La pâleur et la tristesse de Lucia finit par émouvoir les plus endurcis et les plus sceptiques. On avait nié d'abord qu'elle pût jamais aimer, mais il n'y avait plus à en douter. Elle se ruinait pour son amant, elle s'était jetée dans sa passion comme dans un abîme, elle ne s'en relèverait pas.

On afficha bientôt son hôtel. On se demanda partout si la ci-devant cuisinière ne l'achèterait pas. Cette fille en effet marchait en sens contraire. Pendant que Lucia descendait à sa ruine elle montait vers la fortune.

Un jour que Lucia qui n'avait plus ses chevaux, allait au Bois dans une simple citadine, non pas pour les promeneurs, mais pour le bois parce qu'elle voulait respirer une bouffée d'air pur; elle reconnut dans un coupé traîné par deux chevaux anglais, Charles Abelle et sa rivale.

Ce fut un coup mortel. Elle croyait

vaguement que son amant voyait encore çà et là cette fille, mais il en voyait tant d'autres. Était-il bien possible que ce fût lui qui l'accompagnât au bois, était-il bien possible que ce fût elle qui eût de si beaux chevaux !

— Ah ! murmura-t-elle, cet homme c'est mon bourreau.

Elle n'eut pas le courage de les voir une seconde fois. Elle rentra chez elle pour cacher ses hontes et ses larmes.

On lui annonça sa sœur, elle courut à elle et l'embrassa.

— Ah ! Colombe ! Colombe ? dit-elle, aie pitié de moi ! Je suis bien malheureuse ! Quelle rude expiation ! Cet homme que je t'ai presenté, cet homme qui m'a promis de m'épouser, me fera mourir avant le mariage. Il est déjà cause de ma ruine, il sera cause de ma mort.

Et elle raconta tout à Colombe : comment Charles Abelle s'était imposé chez elle, comment elle avait subi sa domination tout en se révoltant, comment il était devenu maître absolu de son pauvre cœur et de sa pauvre tête ; comment elle lui obéissait aveuglément, elle qui n'avait jamais obéi à personne. Et tous ses mensonges, et toutes ses trahisons, et toutes ses infamies !

— Eh bien ! dit Colombe, il faut lui fermer ta porte. Tout n'est pas perdu quand on croit en Dieu.

— Mais il me cache Dieu ! je ne vois que lui, toujours lui, c'est mon supplice.

— Si tu le méprises, tu ne l'aimes pas.

— Je le méprise et je l'aime ! Voilà mon châtiment ! Il y a un an que je lutte, que je veux l'arracher de mon cœur, et plus je veux le haïr et plus je m'attache à cette croix. J'y suis crucifiée toute vivante. Je ne dors pas, la jalousie me déchire le cœur. J'ai l'enfer dans la tête. Ah ! Colombe, Colombe ! mets là tes lèvres de femme honnête sur mon front.

Lucia tomba agenouillée devant sa sœur.

Colombe embrassa Lucia de ses lèvres toujours virginales. La malheureuse fille sourit. Il lui sembla qu'un souffle du ciel avait passé dans ses cheveux brûlés.

Colombe était à peine sortie quand Lucia reprit un fiacre pour aller au Père-Lachaise.

— La tombe de M. Gontran Staller? demanda-t-elle à un des gardiens.

On la conduisit sur la hauteur, non loin du tombeau de M. de Morny.

Elle lut le nom de celui qui s'était tué pour elle. Elle tomba agenouillée elle pleura longtemps.

Pleurer c'est prier.

Elle s'enfuit comme une voleuse en reconnaissant tout à coup la sœur de Gontran Staller.

Au retour du cimetière, elle vit Abelle à sa porte.

Elle ne lui dit pas un mot, il ne l'avait pas vue au bois; elle ne voulait plus s'humilier en lui montrant sa jalousie.

— Tu ne sais pas, dit-il gaiement, je viens du cercle. J'ai parié que tu n'avais que vingt-deux ans. J'ai perdu, on a produit ton extrait de naissance. J'espère que c'est un pari chevaleresque? Donne-moi mille francs.

Ce mensonge fut une nouvelle blessure.

Il n'y avait que mille francs à la maison, Lucia alla les chercher en silence et les remit dans la main de son amant.

Elle le regarda gravement, comme si elle voulut chercher son âme dans ses yeux.

Elle le trouva plus beau que jamais. Quoi qu'il fît il gardait son prisme devant elle : elle était ensorcelée, chaque fois qu'elle voulait rompre tout à fait, elle se disait : — Il faut prendre patience, il me reviendra.

Elle croyait le regagner à force de bonté et de douceur.

Il voulut l'embrasser dans sa joie d'avoir mille francs.

— Non, lui dit-elle, pas maintenant, ce soir.

Le soir, quoiqu'il vint de bonne heure, il trouva Lucia couchée.

— Madame est très malade, lui dit la femme de chambre.

Ce n'était plus Caroline.

Caroline servait alors l'autre Caroline, disant en parlant de Lucia, qu'elle n'aimait pas les soleils couchants.

— Pourquoi madame est-elle malade ? demanda gaiement Charles Abelle.

— Le médecin m'a fait la même question. Il a demandé qu'est-ce qui était arrivé à madame aujourd'hui. Je lui ai répondu que je n'en savais rien.

Lucia avait une forte fièvre. Les fantômes du délire s'agitaient sous ses yeux.

— Gontran, dit-elle, en tendant la main à Charles Abelle.

Il eut peur: Il savait l'histoire de Gontran Staller, il savait comment Lucia l'avait ruiné, comment dans sa misère et son désespoir il s'était brûlé la cervelle.

VIII

Le voleur et la mort.

C'en était fait, Lucia ne devait pas se relever. Elle avait brûlé sa chandelle par les deux bouts. Une chandelle romaine d'un côté, un cierge de deuil de l'autre. Elle avait tourbillonné dans la joie, elle devait se coucher dans la douleur. Le bonheur l'eût fait vivre plus longtemps; mais dévorée par les tourments de la jalousie, après l'avoir été par les joies stériles de l'orgueil, elle allait s'éteindre dans quelques jours.

Quand les femmes galantes ne trouvent pas un oreiller pour calmer leur tête, après les hautes folies de leurs premières cascades, elles meurent de leur jeunesse. Vrai feu de joie sur lequel on ne jette pas un seau d'eau. Quelques-unes se traînent dans la misère en gardant encore un sourire; quelques autres prennent le bon lot; elles se survivent par leur famille ou par leurs enfants, çà et là, par un amour qui les sauve.

Lucia était de celles qui meurent par un amour qui tue.

Ni le souvenir de sa vie, ni la vue de sa beauté, ni sa fortune, ni son luxe, ni ses amitiés ne purent rien contre cet homme de malheur, le dernier qu'elle dût aimer, le seul qu'elle aimât, la punition de tous ses péchés.

Était-ce la main de la Providence qui se montrait là terrible dans sa vengeance? était-ce le hasard des choses, qui frappe souvent juste parce qu'il ne se trompe pas toujours quand il jette la première pierre à une femme?

Le médecin de Lucia craignait une fièvre cérébrale. Il demanda à Charles Abelle si elle avait du chagrin.

— Du chagrin! répondit-il, mais c'est la femme la plus heureuse du monde! Depuis qu'elle a abjuré le passé, elle n'a plus qu'une idée, c'est d'être ma femme.

Le drôle prit un certain air de dignité.

— Mais vous comprenez, continua-t-il, que tout en lui promettant de l'épouser bientôt, je me réservais le consentement de ma famille. Les gens bien élevés n'épousent pas leur maîtresse.

Le médecin regarda Charles Abelle comme pour lui dire : Les gens bien élevés ne vivent pas de leur maîtresse.

— Voyez-vous, lui dit-il, si je vous questionne sur le chagrin de Lucia, c'est pour savoir s'il est irrémédiable. Je crois que je la connais bien. Elle a une vraie soif de réhabilitation ; si vous ne vous mariez pas avec elle, je ne la sauverai pas.

— Je ne puis pourtant pas l'épouser à brûle-pourpoint, pendant ses heures de délire.

— Après cela, dit le médecin en s'en allant, épouser cet homme-là, ce serait encore une déchéance ! Je m'en lave les mains.

Quelques jours se passèrent. La malade était plus malade.

Un soir, elle appela d'Aspremont. Il vint

pour lui parler de Dieu : elle lui parla de Gontran Staller.

— C'est étrange, lui dit-elle, il me semble que tout l'amour que j'avais pour Charles Abelle n'est qu'une illusion ; je ne puis le voir sans qu'il porte la figure de Gontran Staller, c'est lui que j'ai aimé, c'est lui que j'aime encore.

D'Aspremont, qui était un philosophe, cherchait à expliquer ce mirage, quand Lucia reprit, en lui tendant la main :

— J'ai été infâme avec votre ami ; mais j'ai tant souffert qu'il faut me pardonner. Pardonnez-moi en son nom et au nom de Colombe. Je vais mourir ; vous m'enverrez un prêtre demain matin. J'espère que Dieu lui-même me pardonnera.

D'Aspremont voulut consoler Lucia et la rappeler à l'idée de la vie.

— Non, dit-elle, je ne demande qu'une grâce : celle d'être enterrée dans la tombe de Gontran Staller. Je suis allée y pleurer, j'y ai rencontré sa sœur. Demandez-lui cela pour moi ; il m'a tant aimée, — lui, — que je suis sûre qu'il m'attend.

D'Aspremont était ému. Il ne pouvait comprendre comment la haine qu'il avait pour Lucia s'était tout à coup changée en pitié. Rien n'est éternel dans le cœur humain : c'est une maison où viennent habiter tour à tour les sentiments les plus opposés. Tous les péchés, toutes les vertus y ont élection de domicile. Le cœur n'est pas un monde, c'est tous les mondes.

D'Aspremont promit à Lucia que si elle mourait, elle serait enterrée à côté de Gontran Staller.

Aux dernières heures de la vie, on se retourne vers les aubes matinales, on oublie les dernières routes parcourues, on se retrempe pour faire le voyage de la mort dans les fraîches senteurs de la jeunesse. Lucia se rejetait avec passion vers le beau temps, ses débuts dans la vie, ses débuts dans l'amour et au théâtre.

— Ah! pourquoi ne l'ai-je pas aimé? s'écriait-elle souvent au souvenir de Gontran Staller.

Et elle avait le frisson en pensant à cette dernière rencontre quand il était venu tout fripé par la misère pleurer sous les fenêtres de l'hôtel qu'il lui avait donné. Elle avait horreur d'elle-même, elle aurait voulu faire pénitence, elle trouvait que Charles Abelle ne l'avait pas assez meurtrie dans ses trahisons.

Comme d'Aspremont était là on vint annoncer son amant.

— Je ne veux plus le voir, dit Lucia en se cachant la tête dans les mains ; c'est ma honte, c'est ma mort.

D'Aspremont crut que c'était un cri du cœur, il dit tout haut au domestique.

— Avertissez ce monsieur qu'il ne sera plus reçu ici.

— Attendez, dit Lucia, ne lui dites pas cela aujourd'hui. Je veux le revoir une dernière fois, je veux lui dire moi-même que je ne l'aime plus, que je ne l'ai jamais aimé.

D'Aspremont prit froidement son chapeau.

— Vous viendrez me revoir, n'est-ce pas ? dit la mourante.

— Non, j'aurais trop peur de rencontrer votre amant.

— Je vous jure que demain il ne repassera plus par cette porte.

— Eh bien ! je reviendrai demain. Et si vous

mettez cet homme à la porte, je vous amènerai Colombe.

Un éclair de joie passa sur la figure de Lucia.

— Colombe, dit-elle, c'est déjà le ciel !

D'Aspremont passa dans le salon voisin le chapeau sur la tête devant Charles Abelle qui essaya un sourire.

— Comment va-t-elle, dit-il, en voulant arrêter le comte.

Mais il fut pétrifié par un regard qui lui dit : Monsieur, je ne vous connais pas.

Pour se venger de cette humiliation, il entra lui-même chez Lucia le chapeau sur la tête.

— Qu'est-ce donc que ces manières ? dit-il en entrant.

Lucia eut peur. Il l'avait dominée par l'amour, il la dominait encore par la terreur. Dès qu'il n'était plus là elle croyait que tout était fini ; dès qu'il reparaissait elle retombait dans son esclavage, parce qu'elle ne retrouvait pas en elle assez de vertu pour vaincre sa lâcheté.

— Mon ami, lui dit-elle de sa voix la plus douce, je sens que je vais mourir, souvenez-vous de moi qui vous ai tant aimé.

La colère de Charles Abelle tomba comme la dignité de Lucia. Il la trouvait changée encore depuis le matin. Il pressentit qu'elle mourrait bientôt.

— Dis-moi, mon ami, reprit-elle en se ranimant, que feras-tu quand je serai morte ?

— Tu ne mourras pas ! mais si tu mourais, je vivrais encore de ta pensée.

Lucia sourit amèrement.

— Avec les autres. Mais je te pardonne, car je me souviens que tu m'as bien aimée. C'est égal, vois-tu, il faut devenir sérieux, il faut te remettre au travail, car tu n'as pas de fortune et il m'en reste si peu !

Charles Abelle regarda Lucia comme pour deviner sa pensée.

— Et d'ailleurs, dit-il, ta fortune n'est pas à moi.

— Oh ! murmura-t-elle, je ne veux pas mourir sans faire un testament ; ma sœur est riche. D'ailleurs d'Aspremont ne voudrait pas de mon bien, un bien si mal acquis !

Charles Abelle eut toutes les peines du monde à voiler sa joie. Il avait calculé qu'il restait bien encore cent mille francs à Lucia si on vendait tout. Elle avait gardé dans sa misère le plus beau linge et la plus belle argenterie comme pour s'aveugler encore. Donc il vendrait tout cela, il vendrait ses dentelles, ses robes de théâtre, ses merveilleuses chemises qui eussent passé dans le trou d'une aiguille, — ou bien il donnerait tout cela à Caroline !

Mais il fallait un testament. Il jugea que Lucia pouvait mourir avant de l'avoir écrit, il se promit de ne plus la quitter pour saisir l'occasion de lui mettre la plume à la main.

Il resta toute la soirée.

Vers onze heures, il ramena les idées de Lucia vers le testament.

— A propos, dit-il, jouant bien son jeu, il faut que j'écrive à mon frère ; as-tu là une plume ?

Lucia souleva sa main blanche et sonna sa femme de chambre.

Cette fille apporta « tout ce qu'il faut pour écrire. »

— Mettez cela sur la table de nuit, dit Charles Abelle.

La femme de chambre demeurait tristement

debout devant le lit. Il lui fit signe de s'éloigner, comme s'il voulait faire un mauvais coup.

Et il commença une lettre comme pour donner à Lucia l'idée d'écrire.

— Vois-tu, Lucia, reprit-il, ce que j'ai à lui dire durera plus longtemps que si j'écrivais moi-même mon testament.

Lucia fermait à demi les yeux comme si elle n'eût pas la force d'écouter ni de répondre.

— J'y pense, dit tout à coup Charles Abelle en l'interrompant, pourquoi ne ferais-je pas moi-même mon testament ? Après tout, tu pourrais vivre plus longtemps que moi.

Il déchira la lettre commencée et écrivit ceci en toute hâte :

« Je lègue à mademoiselle Lucia Moroni — « ma fiancée — tous les biens meubles et immeubles qui m'appartiendront au jour de « mon décès, sans exception ni réserve. »

Il data, il signa et il passa le papier devant les yeux de Lucia.

Elle lut et elle le remercia en lui tendant la main.

— N'est-ce pas, que c'est bientôt fait ?

— Oui, dit-elle, mais ce n'est pas sur papier timbré.

— C'est tout aussi bon. Il n'y a qu'une amende à payer tout en faisant timbrer le papier qui ne l'est pas.

— C'est égal, quand je ferai mon testament, je le ferai sur du papier timbré.

Le désespoir passa dans l'âme du drôle. Il ne voulut pas que tout fût perdu encore.

— Je te jure que tu n'as que trois lignes à écrire comme je viens de faire au bas de mon testament, si tu veux faire le tien. Ce sera valable comme si la loi et les prophètes y eussent passé.

Soit que Lucia n'eût pas la force de remuer la main pour écrire, soit qu'elle comprît le sentiment qui inspirait Charles Abelle, elle lui répondit :

— Demain.

Et elle reprit :

— Demain ce sera le grand jour. On m'enverra un prêtre pour me donner l'Extrême-Onction et je demanderai que mon notaire vienne. Je veux que mon testament soit bien fait.

Charles Abelle ne savait plus comment se raccrocher aux branches.

— Je te jure, dit-il, que le notaire est bien inutile. Au contraire, ce qu'on cherche, c'est la sincérité. C'est au point que les fautes d'orthographe sont précieuses dans un testament.

Lucia n'entendait pas ou faisait semblant de ne pas entendre.

— Elle dort! dit Charles Abelle en laissant tomber sa plume avec désespoir.

Quand le médecin vint une demi-heure après, Lucia dormait encore. Après l'avoir regardée, le médecin secoua la tête et dit à son amant :

— Voilà une femme qui n'ira pas loin. La mort a déjà mis son stigmate sur sa figure. Dieu, comme elle est tombée depuis hier !

Il lui prit la main.

— C'est extraordinaire ! elle n'a plus de pouls. Je la croyais plus forte que cela.

Il la réveilla, il souleva l'oreiller sous sa tête.

— Eh bien, lui demanda-t-il gaiement, comment allons-nous ce soir ?

— Bien ! répondit Lucia.

— Avez-vous pris ma potion ?

— Non, j'ai horreur de tout. Et puis je meurs de sommeil.

— Eh bien, il faut dormir.

— Oh ! oui. Défendez-lui, poursuivit-elle en indiquant Charles Abelle, de griffonner à mon oreille.

— Elle a raison, dit le médecin, vous pouvez bien attendre à demain pour faire votre correspondance.

Lucia s'était retournée vers la ruelle du lit.

— Adieu, docteur ! Venez demain après midi, car le matin j'attends Monsieur le curé.

Le médecin s'éloigna et appela l'amoureux.

— Mon cher monsieur, lui dit-il, cette femme est à toute extrémité, ce n'est pas elle qui recevra le bon Dieu demain, c'est le bon Dieu qui la recevra. J'ai une femme en couches tout près d'ici, je reviendrai dans deux heures.

Charles Abelle ne pensait qu'au testament. Comment faire ? comment la décider à écrire ?

S'il lui prenait la main comme on fait aux écoliers ? Trois lignes c'est sitôt fait.

Il se rapprocha de Lucia et tenta encore, mais vainement de lui mettre la plume à la main. C'était une main morte, une main déjà froide.

Il regarda autour de lui de l'air d'un homme qui voit son bien lui échapper.

— Tout à l'heure, dit-il, tout cela était à moi ! Maintenant tout est perdu !

Il ne pouvait se faire à cette idée que les dernières épaves de la fortune de Lucia ne fussent pas à lui.

— Que fera-t-on de cela ? disait-il. C'est mon bien !

IX

La pendule qui marque les heures d'amour

Lucia avait gardé de son ameublement princier presque toute la chambre à coucher. Elle n'avait jamais voulu vendre une adorable petite pendule Louis XVI en argent massif relevé d'or, qu'on estimait dix mille francs. C'était son dernier luxe. Cette pendule avait sonné les meilleures heures de sa vie. Elle lui parlait comme à une confidente. C'était sa dernière amie.

— Par exemple, dit Charles Abelle, cette pendule-là, je l'emporterai chez moi. Dans le brouhaha de la dernière heure, personne ne s'en apercevra.

Il pensait d'ailleurs à mettre à la place la petite pendule du boudoir.

Il s'approcha de la cheminée et souleva la pendule en argent comme pour s'assurer qu'elle était facile à emporter sous son mac-farlane.

— Tant pis, dit-il, si on me la réclame, je dirai qu'elle me l'a donnée.

A cet instant, Lucia se retourna et lui demanda quelle heure il était.

Il tressaillit.

— Cette pendule est arrêtée, répondit-il, veux-tu que j'apporte ici celle du boudoir.

— Non ! remonte celle-ci, tu sais comme je l'aime. C'est celle-ci qui marquera ma dernière heure. Te souviens-tu comme sa sonnerie était douce, quand je ne jouais pas le soir et que nous disions des folies ?

Lucia souleva la tête.

— J'étouffe, donne-moi un verre d'eau et ouvre la fenêtre.

Charles Abelle s'empressa d'ouvrir la fenêtre. Quand il apporta le verre d'eau, Lucia avait refermé les yeux.

— O mon Dieu ! dit-il, elle est morte !

Il lui prit la main, il la laissa retomber.

— Déjà glacée !

Il reprit une seconde fois la main et lui vola une bague en diamant, les seules pierres que Lucia eût conservées.

Il retourna à la pendule. Mais la femme de chambre pouvait le voir.

Il alla chercher son mac-farlane. La femme de chambre sommeillait dans la salle à manger.

— Eh bien ! monsieur, comment va madame ?

— Elle dort. Je vais sortir un instant, je reviendrai dans une heure.

Il prit son mac-farlane, il rentra dans la chambre à coucher, il vola la pendule.

Il ne voulait pas retourner la tête, mais la mort appelle les vivants : La mort garde une puissance occulte qui force les yeux à la regarder.

Charles Abelle se rapprocha du lit comme pour dire adieu à Lucia.

Mais sous sa main la pendule sonna onze heures.

Lucia rouvrit les yeux.

— Tu vois bien qu'elle va ! murmura-t-elle

comme si elle se réveillait d'un long sommeil.

On sait que la dernière pensée des mourants est une inquiétude du temps, ils demandent toujours l'heure, comme s'ils pressentaient qu'ils entendront bientôt sonner l'heure de la vie éternelle.

Charles Abelle fut saisi comme un voleur qui voit un gendarme.

— Attends donc, reprit Lucia, en lui faisant signe de se détourner, laisse-moi voir l'heure qu'il est.

— Ma pendule ! s'écria-t-elle.

Cette femme qui peut-être ne se fût jamais réveillée si elle n'eût pas entendu la sonnerie, reprit un dernier élan, elle se jeta hors du lit et elle se traîna à la cheminée.

— Ma pendule ! ma pendule ! dit-elle.

Elle était effrayante. Charles Abelle, tout épouvanté de lui-même et d'elle-même, lui saisit la main pour l'empêcher de tomber.

Dieu avait voulu que toute lumière se fît dans l'âme de Lucia, car elle vit au doigt de Charles Abelle sa bague en diamant.

— Voleur ! lui cria-t-elle.

Elle le repoussa. Il voulut la retenir et se retenir lui-même, mais dans ce mouvement le mac-farlane s'ouvrit et Lucia aperçut la pendule.

— Voleur ! dit-elle encore.

Elle tomba et mourut sur ce mot.

Peu de larmes, mais beaucoup de prières pour cette belle impénitente.

Voilà pourquoi Colombe vint en robe noire au mariage de Violette.

LIVRE V

LA STATUE DE GENEVIÈVE

Les grandes passions prennent leur source dans l'amour et se jettent dans la mort.

***

Assieds-toi au banquet de la vie, ne t'y accoude pas.
                                    PYTHAGORE.

Les peintres et les statuaires ont pu faire une image vivante de la Douleur; mais qui donc a pu songer à peindre et à sculpter ce rayon, ce coin d'azur, ce regard noyé, cette fleur cueillie, cette étoile au ciel, cette larme sur la terre, qui s'appelle le Bonheur ? Ce qu'il y a de plus triste dans le bonheur, — puisque le mot existe, — c'est qu'on ne l'a pas plus tôt saisi qu'on est impatient de le blesser et de le rejeter dans l'infini, comme les enfants qui dénichent des grives, qui les martyrisent et qui les étouffent dans une cage.

***

Dieu a créé une peine pour chaque joie. La porte du Paradis s'ouvre sur l'Enfer.

...

Il est plus héroïque de vivre de son chagrin que d'en mourir.

...

Les uns ont cherché la félicité dans les sciences, ceux-ci dans la morale, ceux-là dans la volupté. Ces trois concupiscences ont fait trois sectes, et ceux qu'on appelle philosophes n'ont fait effectivement que suivre une des trois.

Pascal.

L'amour qui perd son bien est comme Prométhée sur son rocher. Il ne voit plus rien autour de lui; rien que la mer, c'est-à-dire l'infini qui vient pleurer ses larmes trois fois amères jusqu'à ses pieds meurtris. Il attend, mais le vautour vient seul qui fait saigner son cœur jusqu'à sa dernière goutte de sang, sous son bec affamé. — Eh bien! Prométhée ne meurt pas!

...

Êtes-vous bien sûr d'avoir fermé la porte de son tombeau? C'est que j'en ai vu revenir plus d'une de l'autre monde! Il n'y a qu'un pas de la vie à la mort, il n'y a pas loin encore de la mort à la vie. Nul n'est parti pour ne pas revenir.

Shakespeare.

Oui, nous avons vécu et nous revivrons. La mort n'est pas une porte qui se ferme, c'est une porte qui s'ouvre.

...

I

Le Cygne noir.

EPENDANT on était arrivé à la veille du mariage d'Octave et de Violette. Tout était disposé pour la cérémonie, quand tout à coup Violette dit à Octave:

— Et l'anneau nuptial?
— Je n'y avais pas songé, dit Parisis.

Il n'y avait pas d'orfèvres à Parisis ni à Pernand; il fallait aller jusqu'à Tonnerre.

— Eh bien, dit Violette, ce n'est pas la peine d'aller si loin, vous me mettrez cet anneau au doigt, quand il sera bénit il sera sacré.

Violette présenta à Octave une bague pareille à celle qu'il lui avait donnée à leur première rencontre et qu'elle avait déposée dans le cercueil de Geneviève.

— C'est impossible! dit Parisis. Il faut un anneau nuptial qui se coupe en deux.

On envoya à Tonnerre. Par une fatalité étrange, le messager perdit les anneaux qu'il rapportait. Il fallut retourner une seconde fois.

Pendant ce nouveau voyage, Violette eut l'idée d'aller prier dans la chapelle du château de Parisis.

Bérangère voulait l'accompagner, mais elle voulut être seule.

Elle fit une longue station dans la chapelle. Elle se rappela alors l'histoire de l'anneau qu'elle avait déposé sur le cercueil d'Octave et qui lui était revenu, — qu'elle avait jeté au cygne, — et qui lui était encore revenu.

Elle se demanda comment il était possible que des choses quasi miraculeuses se passassent ainsi pour elle.

L'homme à la lampe, qui ouvrit alors la porte de la chapelle pour descendre dans la crypte, aurait pu lui donner l'explication toute simple du sortilége. C'était lui qui avait trouvé la bague sur le cercueil; il s'était imaginé que Violette ne l'avait laissée là que par oubli; il l'avait silencieusement rapportée sur la cheminée de sa chambre. Le lendemain, le cygne noir n'avait pas avalé cette bague jetée vers lui : l'homme à la lampe passant l'étang sur une barque, avait vu briller l'or et les perles sur un nénuphar; il ne douta pas que Violette jetant du pain au cygne n'eût jeté sa bague sans le vouloir; il la reporta encore sans mot dire. On sait qu'il était trop silencieux pour parler.

En sortant de la chapelle, Violette marcha vers l'étang, toute à ses rêveries.

Le cygne noir vint à elle à toutes voiles. Elle regretta de n'avoir pas de pain : le cygne était si gourmand qu'elle lui jeta des fleurs pour tromper sa faim; mais il ne voulut pas s'y laisser prendre. Il vint jusque sur le rivage tout en secouant ses ailes. Violette fut arrosée comme par une branche que le vent secoue après la pluie.

Battant des ailes une seconde fois, le cygne noir fit tomber une belle plume aux pieds de Violette.

— C'est bien, dit-elle, j'écrirai avec cette plume.

Et la regardant, elle ajouta :

— Tout est noir dans ma vie.

II

*Pourquoi Parisis laissa-t-il tomber
l'anneau nuptial?*

Le jour du mariage fut radieux. On sait toujours gré au soleil d'être de la cérémonie quand on est d'un mariage ou d'un enterrement. C'est d'un bon augure pour la lune de miel, c'est d'un bon augure pour l'âme qui s'en va.

Violette en s'éveillant fut heureuse de saluer le soleil. La veille, la journée avait été laborieuse, elle avait voulu s'occuper elle-même de la dot des quelques filles de Pernand bonnes à marier. Elle avait donné des robes à toutes les autres. Il lui semblait que le bonheur ne s'improvise pas au milieu de gens qui ne sont pas heureux. Elle croyait à la réverbération du bien et du mal. On crée des atmosphères pour la joie comme pour la douleur.

La première voiture qui arriva de Parisis fut celle d'Octave et de Harken. Ils étaient tristes tous les deux ; Violette remarqua la pâleur de son cousin.

Elle l'embrassa avec un serrement de cœur :

— Octave, vous êtes inquiet et triste?

— Non, dit-il en essayant un sourire, mais je n'ai pas dormi. Je me trouvais trop loin de toi.

Au bout d'une heure tout le monde était sur pied pour aller à l'église.

On aurait voulu que le mariage se fît presque dans la solitude, mais la curiosité avait rempli l'église.

Ce n'était pas seulement la curiosité, c'était aussi la sympathie. Violette était adorée à dix lieues à la ronde pour ses aumônes faites à deux mains avec ce divin sourire qui illuminait les âmes. Même quand elle ne donnait rien, les paysans disaient que c'était une bonne fortune de la rencontrer. « A la bonne heure, s'écriaient-ils, la journée sera bonne, nous avons rencontré la femme qui porte bonheur ! »

Seulement ce jour-là les paysans regrettaient de ne pas voir la mariée en blanc. Violette s'était mise en violet, ce qui consola un peu ses compatriotes, qui tous se disaient : « Voyez-vous, elle n'a pas mis de robe blanche, parce qu'elle veut toujours être une violette. »

Violette était d'ailleurs charmante sous cette robe voilée de dentelles qui dessinait sa grâce aérienne.

Elle s'avança à l'autel avec un profond sentiment chrétien. Elle espérait que Dieu lui avait pardonné et qu'elle redevenait digne du sacrement du mariage.

Quand elle s'inclina sous la bénédiction, elle sentit que la grâce de Dieu descendait dans son cœur.

Une douce émotion remplit ses yeux de larmes. Elle ne douta pas que le ciel désarmé n'eût fait grâce aux Parisis, car pour elle la légende n'était pas un vain mot.

Mais voilà que tout à coup, quand Octave voulut lui passer l'anneau nuptial au doigt, l'anneau tomba.

Parisis avait vu passer le fantôme de Geneviève.

— O mon Dieu, murmura Violette, je suis donc maudite !

Cependant Octave avait ramassé l'anneau nuptial. Cette fois, il le lui mit au doigt en lui disant :

— Ne le retirez jamais, cela nous porterait malheur.

Cette mauvaise impression s'effaça peu à peu pendant la messe.

Après le mariage, tout le monde embrassa Violette avec une vraie amitié, en la félicitant d'être plus belle que jamais.

On déjeuna gaiement dans le petit parc de Pernand, sous un châtaignier qui datait de Henri IV, vraie tente aux vertes ramures qui pouvait abriter cent personnes.

On n'était que douze.

Le soir, au dîner, on n'était déjà plus que huit : les épousés, Harken, la marquise de La Chanterie, Monjoyeux, Bérangère, le prince Rio et la comtesse de Montmartel.

D'Aspremont et Colombe, Montbrun et le duc d'Ayguesvives étaient repartis pour Paris après le déjeûner.

Le prince n'était resté que pour madame de

Montmartel. Il avait toujours vaguement espéré que dans une heure d'ennui elle aurait une de ces fantaisies qui font la bonne fortune des hommes. Il ne la connaissait pas. C'est en vain qu'elle jouait cartes sur table, il croyait toujours qu'elle cachait son jeu. Ce soir-là il se promettait un voyage d'agrément de Pernand à Parisis, car elle avait accepté sans façon une place dans sa voiture. Mais ce ne fut pas un voyage d'agrément, car elle se moqua si bien de toutes ses séductions qu'il perdit confiance en lui et qu'il arriva dans la cour d'honneur du château de Parisis en déclarant que c'était bien la plus invraisemblable des créatures.

Si je daignais faire l'histoire de mademoiselle Charmide, je dirais peut-être comment se consola le prince des moqueries de Messaline blonde. La nuit, avec les princes, toutes les femmes sont princesses.

III

Les deux femmes de marbre

Le soir du mariage, Monjoyeux et sa femme étaient restés à Pernand avec Parisis et Violette.

— Que dites-vous de cela, Monjoyeux ? demanda celui qui venait de se marier — de se remarier. — Qui eût jamais pensé qu'on nous prendrait ainsi, vous comme moi, dans la vie de famille.

— Nous n'avons pas encore beaucoup d'enfants, dit Monjoyeux, mais j'espère bien que Violette et Bérangère vont travailler comme des Romaines.

— Après tout, reprit Octave, le philosophe

a raison : il n'y a peut-être pas de bonheur qui puisse s'accommoder des lois sociales, mais assurément il n'y a pas de bonheur en dehors. Je ne vous demande pas si vous êtes heureux, Monjoyeux ? Je ferais mieux de le demander à votre femme.

Le sculpteur sourit avec mélancolie pendant que Bérangère, qui n'osait pas répondre, faisait semblant de ne pas entendre. Ils voyaient encore de trop près tous les deux la scène de l'atelier. Pourtant, depuis ce jour-là, Bérangère avait foulé aux pieds toutes ses curiosités et toutes ses coquetteries.

— Le mariage, dit Monjoyeux, n'est pas précisément le cadre de l'amour, mais on n'a encore trouvé rien de mieux jusqu'à présent. Après tout, le mariage est un bon lit pour ceux qui s'aiment. Allons nous coucher.

On suivit le conseil de Monjoyeux.

S'il y a quelque chose de triste au monde, c'est la première nuit des noces quand un amant épouse sa maîtresse. Ils ont presque honte, quel que soit leur amour, d'aborder ce lit nuptial profané avant l'heure. C'est là surtout que la femme qui comprend la dignité du mariage pleure sa virginité perdue avec des larmes à jamais amères.

Violette, qui avait conservé pieusement toute sa pudeur, même en traversant la passion, s'inclina en soupirant quand elle entra dans la chambre à coucher. Elle n'osait plus regarder celui qui avait été son amant et qui devenait son mari.

Et cette première nuit de noces fut une nuit de désolation, — de désolation contenue. — Entre Parisis et Violette, Geneviève vint prendre sa place.

Ni le mari ni la mariée ne purent se délivrer des obsessions de ce fantôme.

Et pourtant Violette n'avait rien fait pour le malheur de Geneviève; au contraire, elle s'était sacrifiée à son bonheur jusqu'à vouloir s'effacer elle-même par la mort.

Au milieu de la nuit, Octave retomba dans le despotisme des visions. Il rêva qu'il était couché entre ses deux cousines, ses deux femmes, la morte et la vivante.

Elles le glacèrent toutes les deux, comme s'il eût senti le froid des statues.

— Violette! s'écria-t-il.

Il se rapprocha d'elle, mais il s'écria tout à coup :

— Tu es glacée !

Octave avait le feu de la fièvre, tandis que Violette gardait toujours, comme les Circassiennes, la chair fraîche avec le cœur chaud ; c'était le feu sous la neige.

Elle lui prit la main et la porta à son cœur.

Parisis ne savait plus s'il avait sous la main Geneviève ou Violette, la morte ou la vivante.

IV

Le lit nuptial

Le lendemain, par une belle pluie d'été, Parisis, Violette, Monjoyeux et Bérangère partirent tous les quatre dans un break pour rejoindre leurs amis au château de Parisis.

Octave et Violette s'efforçaient d'être gais, mais l'inquiétude de leur cœur se montrait sur leur figure.

En attendant le dîner, comme on ne savait que faire par la pluie, on joua aux comédies improvisées.

Madame de Montmartel fut éblouissante de beauté et d'esprit.

Violette la supplia de demeurer encore

quelque temps à Parisis, mais elle lui dit gaiement :

— Ma chère Violette, vous savez bien — et il n'y a que vous qui sachiez cela — que si je n'étais pas à Paris pour servir de paratonnerre à ma sœur, on finirait par mal parler d'elle. Et puis, prenez garde à moi : je vous aime tant tous les deux, que je serais bientôt un trouble-fête.

Parisis voulut retenir Monjoyeux, mais le sculpteur avait le mal du pays — le mal de l'atelier.

Le soir, tout le monde partit pour prendre le train de nuit.

Octave et Violette se retrouvèrent donc seuls dans ce grand château, qui s'attrista soudainement.

— Et pourtant, dit Octave, j'adore Violette!

Violette trouva son lit dans la chambre de Geneviève ; elle n'avait pas osé demander qu'il fût ailleurs. Elle n'avait nulle idée, du reste, qu'elle pût être obsédée par des visions, maintenant que Parisis était revenu et qu'il n'était plus un revenant. Toutefois, le soir, comme elle montait pour se coucher, elle regretta d'avoir entrevu dans le petit salon la statue de sa cousine.

Parisis accompagna Violette dans sa chambre. Il la déshabilla à demi et joua avec ses cheveux.

Quoiqu'il eût plu dans la journée, l'orage couvrait encore le ciel, on ne trouvait pas d'air à respirer. Parisis ne voulait pas encore se coucher.

— A revoir, ma belle Violette. Je viendrai te réveiller demain, si tu ne tires pas les verrous.

Octave alla dans sa chambre. Après avoir rêvé à sa fenêtre, il se jeta sur son lit et sommeilla plutôt qu'il ne s'endormit.

Un bruit sourd le réveilla tout à coup. Il pensa d'abord que c'était Violette qui venait pour le surprendre.

Mais en écoutant bien, il reconnut un bruit de pas sous sa chambre, dans le petit salon où était la statue.

Et le bruit de pas s'accentuait comme si on eût marché avec des pieds de marbre.

Lui, qui croyait toujours n'avoir peur de rien, il frissonna.

— C'est impossible, dit-il, ce bruit n'est que dans mon oreille.

Il alluma son bougeoir, il se leva, il traversa le salon qui séparait sa chambre de celle de Violette, il descendit le grand escalier et il alla droit au petit salon.

Il n'osa entrer, comme s'il eût peur de voir des regards vivants dans les yeux de marbre.

Il remonta et se rejeta sur le lit, furieux de ne pouvoir dominer les émotions de la peur nocturne.

A peine sommeillait-il encore, que mille images fantastiques passèrent dans son imagination, mais c'était surtout la figure de Geneviève qui dominait ces images.

Il ne s'expliquait pas comment, avec sa volonté de fer, il ne pouvait chasser toutes ces visions : c'était comme un jeu cruel d'une puissance occulte. Qu'il veillât ou qu'il dormît, qu'il fermât les yeux ou qu'il les ouvrît dans l'ombre, c'était toujours le même tableau.

Au milieu de la nuit, Geneviève lui apparut plus visible et plus réelle.

— Je ne voulais pas ce mariage, lui dit-elle, c'est moi qui suis ta femme, ce n'est pas Violette. Ce n'est pas dans son lit que tu coucheras, c'est dans le mien.

Cette fois, Parisis n'avait plus trop chaud, le froid du tombeau avait passé sur lui.

Il alla droit à la chambre de Violette, qui n'avait pas verrouillé sa porte, comme si elle fût sûre qu'il viendrait.

— Comme on est bien dans ton lit, lui dit-il doucement. Mais pourquoi as-tu si froid ?

— Quelle idée ! murmura Violette, en prenant Octave dans ses bras.

— Tu es glacée ! reprit-il.

Il croyait sentir toujours Geneviève.

V

Athée et Visionnaire.

Ceux qui n'ont pas vécu dans la solitude des bois, ceux qui n'ont pas porté dans leur cœur les vives images des amis disparus, ceux qui n'ont pas hanté la voie des chers tombeaux, ne comprendront pas comment l'âme de Parisis, sinon celle de Violette, avait l'effroi du fantôme de Geneviève, comme si les morts n'étaient pas tous les amis des vivants.

Et comment cette charmante et douce Geneviève pouvait-elle inquiéter Parisis, cet homme qui s'était moqué de Dieu et du Diable, qui avait émerveillé les convives du Dîner des Athées, qui avait raillé toutes les croyances et toutes les traditions du sentimentalisme.

C'est qu'ici-bas, les esprits les plus hardis finissent toujours par trembler devant l'inconnu. Il vient un jour où ils méditent sur les mystères de la vie, où ils se retournent avec inquiétude vers le passé, parce qu'ils ont entrevu la lumière terrible de l'éternité.

Ceux qui ont le plus nié les mystères du monde invisible sont ceux qui finissent par y croire le plus volontiers. La pensée humaine va d'un pôle à l'autre, toujours vacillante, toujours humiliée, toujours éperdue.

Ce n'était pas, du reste, la première fois que Parisis se penchait avec épouvante sur l'abîme de la mort. Les jours de méditation, après avoir ri de tout, il ne pouvait se défendre d'une peur fatale.

Ce fut bien pis quand plusieurs des femmes qu'il avait aimées furent conduites au tombeau par l'amour qu'elles avaient eu pour lui.

Il avait épousé Violette contre la volonté occulte de Geneviève, qui était revenue toutes les nuits pour lui défendre ce mariage.

Mais comment n'eût-il pas épousé cette adorable Violette, qu'il aimait plus profondément que jamais ? Elle fût morte elle-même, s'il ne lui avait pas donné ce haut témoignage qui ennoblissait leur amour aux yeux de tous.

C'était ce que ne voulait pas, dans son tombeau, la fière Geneviève de La Chastaigneraye, comme s'il lui eût semblé que le dernier des Parisis, celui qu'elle avait épousé, ne dût pas donner sa main à une autre, surtout quand cette autre passait pour une bâtarde et une fille perdue.

Parisis croyait s'habituer aux visions, mais plus il allait et plus il sentait sur lui le froid du linceul de Geneviève.

La première femme était jalouse de lui voir tant aimer la seconde.

Octave ne savait plus s'il dormait, s'il rêvait, s'il était éveillé.

Geneviève prenait toutes les formes pour venir à lui : tantôt c'était la jeune fille de Paris, de Dieppe ou de Champauvert ; tantôt c'était la belle épousée du château de Parisis ; quelquefois c'était la pauvre femme assassinée à

Ems, sanglante encore; souvent aussi ce n'était qu'un spectre.

Cette nuit-là, il s'endormit vers le matin : Geneviève arrive toute souriante, habillée en amazone. « Eh bien, lui dit-elle, tu m'as oubliée dans la forêt, mais me voilà ! »

Il la regarde : c'est bien elle, c'est bien cette adorable figure qui garde, même dans l'amour, une adorable expression de fierté virginale.

— Je ne rêve pas, dit Octave.

Il soulève la tête, il tend les bras, Geneviève se penche sur lui et l'embrasse.

— Ce n'est pas tout, dit-elle doucement.

Et aussitôt la voilà qui se déshabille et qui se couche à côté de lui à la place de Violette.

— Oui ! c'est bien toi, lui dit-il, car je reconnais la bonne odeur de tes cheveux : on dirait du foin coupé.

Il est tout à sa joie d'avoir retrouvé sa chère Geneviève, mais tout d'un coup la morte se lève et lui dit avec une expression glaciale :

— J'entends le coq chanter ; c'est le jour qui se lève ; je vais aller me recoucher dans le tombeau.

VI.

Les affres de la mort.

Le lendemain, quand on se mit à table pour déjeuner, Violette remarqua la pâleur du duc de Parisis.

Quand il s'était levé, elle dormait encore ; elle s'était vaguement réveillée, mais elle ne l'avait pas bien vu dans le demi jour de la chambre.

— Octave, est-ce que tu souffres? lui demanda-t-elle.

— Oui, répondit-il, je ne voulais pas te le dire, mais pourquoi te le cacher? Il me semble que ma blessure va se rouvrir.

— Que me dis-tu là!

Violette s'était levée de table pour aller à Octave. Elle l'embrassa tristement.

— Oh! il ne faut pas t'inquiéter beaucoup, ce ne sera rien, lui dit-il. Le médecin viendra aujourd'hui : demain je ne souffrirai plus.

Violette était désolée.

— Mais tu as la fièvre, lui dit-elle. Il faut te coucher.

— Me coucher! quand il fait un si beau temps? Non, je vais manger une pêche et boire deux coupes de vin de Champagne, après quoi nous irons nous promener amoureusement en attendant le médecin.

Parisis parla d'un air si résolu que Violette parut un peu plus rassurée.

— Est-il possible que cette blessure puisse se rouvrir ?

— Oui, après deux ans, c'est singulier; mais ce n'est pas impossible; le fils Montal, blessé au Mexique, est mort ici l'an passé, parce que sa blessure s'est rouverte. Mais ne te désole pas, s'il est mort, c'est qu'il n'a pas pris cela à temps. Et puis, je t'aime trop pour mourir !

Parisis déjeûna comme il avait dit. Violette

ne déjeûna pas, mais elle toucha à tout pour complaire à Octave.

Le médecin vint plus tôt qu'il n'était attendu. C'était un médecin *Tant mieux*. Il regarda gaiement la poitrine d'Octave, il l'ausculta, il lui prit le pouls, répétant vingt fois :

— Ce n'est rien.

Mais Violette n'avait pas confiance, elle savait que le médecin était un de ces sceptiques de la science, qui ne croient qu'à la nature.

— Puisque je vais bien, dit Octave, n'en parlons plus.

Il s'efforça de reprendre sa physionomie accoutumée. Ce fut au point qu'il trompa Violette elle-même.

— Docteur, dit-il en offrant du vin de Champagne au médecin, voilà ma médecine habituelle. Si vous êtes un jour malade, venez me voir, j'ai déjà guéri plusieurs fois le docteur Chantour, un homme d'esprit s'il en fut, médecin des âmes, c'est-à-dire médecin des femmes. Voyez-vous, docteur, le vin de Champagne me rappelle ce vers d'un poëte :

Je bois dans chaque goutte un rayon de soleil.

On se leva de table, Octave dit adieu au médecin et il alla s'asseoir avec Violette sur l'herbe près de la fontaine.

— Si jamais je meurs, reprit Parisis, c'est là que je veux avoir mon tombeau. Je ne veux pas qu'on me descende dans la crypte, j'aurais trop peur de l'homme à la lampe.

Parisis cachait son émotion en disant ces mots d'un air dégagé.

— Moi aussi, dit Violette, je voudrais que mon tombeau fût là en pleine lumière.

— N'est-ce pas ? Tu aimerais mieux que l'homme à la lampe ce fût Dieu qui allumé le soleil le matin et la lune le soir. Pour moi, ce que je désire surtout, c'est d'être brûlé : ce sont les chrétiens qui ont fait la mort odieuse avec leur Campo Santo et leurs images funèbres.

— Et les Égyptiens avec leurs momies?

— Vieux monde, vieux style. Paul de Saint-Victor l'a dit : Que tout ce qui a été fumée s'en aille en fumée.

Et comme Parisis n'ébauchait jamais une idée sans lui donner sa lumière philosophique, il s'attaqua au matérialisme des chrétiens :

— Les anciens étaient plus spiritualistes, eux qui ne conservaient qu'un grain de poussière. L'église catholique garde la chair et les os. Le respect de la beauté, c'est le feu de joie funèbre. Nous ne sommes encore que des barbares civilisés par les papes et les rois. Violette, jure-moi que tu me feras brûler après ma mort.

— Oui, répondit Violette ; mais si je meurs avant toi, fais-moi brûler aussi.

Dans leur amour, ils avaient peur de la vie et ils avaient peur de la mort.

— Si je meurs, pensait Parisis, je reverrai peut-être Geneviève.

Mais il se tournait avec adoration vers Violette.

VI

La Robe rouge et la Robe blanche.

Ce jour-là, Octave et Violette virent apparaître Hyacinthe qui accourait comme une folle, vêtue de la plus éblouissante robe rouge que jamais fille galante ait portée.

C'était tout une métamorphose.

On n'a pas oublié sans doute cette belle Hyacinthe qui s'était mariée avec un avocat et qui s'était enfuie avec un substitut.

Violette alla au devant d'elle.

— Hyacinthe! s'écria-t-elle. C'est un miracle de vous revoir? Pourquoi riez-vous si gaiement?

— Je ris, parce que j'ai appris que vous

étiez mariée, vous qui étiez dans de si bons principes autrefois!

Hyacinthe embrassa Violette.

— Est-il bien possible, continua-t-elle, que tant d'amour soit confirmé par le sacrement de mariage! Vous voilà mari et femme comme les premiers venus.

Violette fut vivement blessée par ces paroles. Cette jeune fille qu'elle avait aimée ne revenait que pour se moquer d'elle dans l'action la plus sérieuse de sa vie.

Pour Parisis, ce fut un coup nouveau, car Hyacinthe avait été plutôt encore l'amie de Geneviève que l'amie de Violette. Aussi lui fit-il un accueil glacial. Il savait d'ailleurs ses aventures.

— Vous voilà donc revenue chez vous, belle fugitive, lui dit la nouvelle duchesse de Parisis.

— Moi! Dieu m'en garde! ce pays est trop ennuyeux. Je reviens d'Aix-les-Bains, je retourne à Paris. Si j'ai pris un détour, c'est pour vous voir et pour ne pas rencontrer mon mari. Vous n'imaginez pas, ma chère Violette, le bruit que votre mariage a fait chez les buveuses d'eau. On s'est déjà battu en duel en votre honneur.

— Qui a osé prendre la défense de la duchesse de Parisis? demanda Octave.

— Je ne sais plus : des fous. Mais ce qui m'a frappé là-bas, c'est que, parmi les baigneuses, il y avait une grande créature, toute blanche et toute blonde, qui était à s'y méprendre le portrait de Geneviève.

Violette, qui regardait Octave, fut frappée de son émotion.

Hyacinthe s'aperçut, par la froideur hautaine d'Octave et par la dignité triste de Violette, qu'elle n'était plus chez elle au château de Parisis.

Le duc de Parisis ne voulait pas qu'elle s'arrêtât au château, par respect pour Violette. Il était plus offensé encore par ses principes que par sa provoquante robe rouge.

Elle y resta à peine une heure; elle ne voulut même pas qu'on dételât les chevaux qui l'avaient amenée de la gare de Tonnerre.

— Elle a bien fait de s'en aller, dit Octave, quand Hyacinthe fut partie. C'est un fruit gâté à jeter hors du panier.

Violette était pensive.

— Quelle tristesse! dit-elle. On s'imagine qu'on sera très heureuse dans l'avenir avec les amis de la veille! mais il vient un temps où tout vous manque. Pas un cœur qui garde le divin accent qui touchait le nôtre. Cette Hyacinthe était un de mes meilleurs souvenirs : Pourquoi est-elle revenue?

A peine Hyacinthe fut-elle partie, que la femme de chambre vint dire à Violette que sa protégée, mademoiselle Chonchon, qui avait avec sa vache et son cochon inspiré une chanson à Octave, demandait une audience de dix minutes.

Violette, qui pressentait une charité à faire, alla à elle et l'emmena dans sa chambre.

— Je vais me marier, lui dit mademoiselle Chonchon.

— Je comprends, dit Violette. Je me charge de votre dot et de votre robe de mariée.

— Une robe blanche, n'est-ce pas, madame la duchesse?

Violette sentit le coup.

— Pourquoi me parlez-vous d'une robe blanche?

Mademoiselle Chonchon ne savait comment exprimer sa pensée, parce que c'était une injure à Violette; mais pourtant la paysanne n'y regarda pas de si près.

— Vous savez, madame la duchesse, il y en a, — je ne parle pas de vous, — qui n'ont pas le droit de se marier en blanc; mais moi, ce n'est pas cela.

— Ah! ce n'est pas cela, murmura Violette en cachant sa blessure par un sourire de résignation. Eh bien, Chonchon, vous aurez une robe blanche.

Et quand Violette fut seule, elle se prit la tête dans les mains :

— Ah! pauvre Violette! dit-elle avec amertume, je n'aurai donc pas un jour où je croirai au pardon.

La femme de chambre avait compris les paroles de mademoiselle Chonchon.

— Voyez-vous, madame, vous ne connaissez pas les paysans; c'est la pire engeance, Ces gens-là vous flattent, mais si vous saviez ce qu'ils disent!

— Et que disent-ils donc?

— Ils disent que si vous leur faites tant de

bien, c'est tout naturel, puisque c'est pour acheter leur silence.

— Leur silence ?

— Madame la duchesse comprend bien.

Violette dit à cette fille de s'occuper de la robe blanche de Chonchon.

— Oh ! oui, je comprends bien, se dit-elle tout bas. Il n'y aura donc pas une heure de trêve pour celle qui a péché !

VII

Le Chapelet des souvenirs..

Dans l'après-midi, le duc de Parisis dormit près de deux heures sur un lit improvisé sous les arbres de la fontaine. Violette le veilla avec toute sa vive sollicitude, chassant de son éventail les guêpes et les mouches, écartant par un signe les gens du château qui s'avançaient de son côté.

Elle voyait avec chagrin que même pendant le sommeil Octave souffrait.

— Le médecin a mal vu, pensa-t-elle, Octave a quelque chose à la poitrine.

Quand le duc de Parisis se réveilla, il fut presque humilié d'avoir dormi comme un enfant sous les yeux d'une femme. Il se leva prestement, prit la main de Violette pour la mettre sous son bras et fit avec elle le tour de l'étang.

Il lui dit les choses les plus tendres sans avoir l'air de s'attendrir, émaillant toujours le sentiment par un éclair d'esprit. Selon lui, rien n'était bête comme l'amour, s'il n'était relevé par un grain de sel.

Il avait toujours la fièvre, il le sentait bien, mais il voulait le cacher à Violette. Chaque fois qu'elle voulait lui prendre le pouls, il saisissait sa main et la baisait passionnément.

Mais la vraie fièvre était au cœur et dans l'âme.

Au dîner, Parisis mangea comme au déjeûner une pêche et but deux coupes de vin de Champagne. Voyant que Violette le regardait avec inquiétude, il lui dit :

— Demain j'irai bien.

On avait dîné tard, on ne sortit pas, on entra au salon et Violette se mit au piano.

Tous les airs chers à Octave, elle les joua avec un sentiment profond. Il s'était renversé sur le canapé en fumant des cigarettes.

La musique est un vif appel aux souvenirs. Quiconque a beaucoup vécu et beaucoup oublié se retrouve dans une mélodie, dans une valse, dans une symphonie, dans une chanson. Tout ce qui a disparu — les figures et les choses — revient comme par magie. On boit le miel plus ou moins doux, plus ou moins amer du passé. Il semble qu'il y a eu autrefois des sentiments ébauchés qu'on retouche avec amour. On a passé trop vite pour voir le paysage, on se retourne et on découvre mille et une beautés cachées au passage trop rapide : tout s'achève par le souvenir.

Le duc de Parisis, grâce aux airs que lui jouait Violette, traversa donc encore une fois toutes les années vécues : son voyage au Nouveau-Monde, son équipée héroïque en Chine, ses aventures galantes à Paris. Il revécut surtout cette année touffue et fleurie où il avait aimé presqu'en même temps Geneviève, Violette, la comtesse d'Entraygues, madame de Fontaneilles, sans parler de toutes ses bonnes fortunes comme madame de Révilly, madame d'Argicourt, madame de Campagnac, et celle-ci, et celle-là, et tant d'autres qui lui prenaient non-seulement une heure de sa vie, mais une parcelle de son cœur. Car ce qui le distinguait des hommes « à femmes, » c'est que tout en raillant les beaux sentiments, il mettait toujours son âme dans son jeu. Il n'avait jamais regardé la femme comme une simple conquête corporelle, il avait toujours voulu posséder l'âme comme le corps. En un mot, chez lui c'était la soif de l'amour plus encore que la soif du plaisir.

Tout en égrenant le chapelet des souvenirs, il arriva aux derniers grains ; ceux-là lui glacèrent les doigts.

C'étaient les mortes qui se levaient de leur tombeau : madame de Révilly, madame d'Entraygues, madame de Fontaneilles, la Femme de Neige et cette virginale figure d'Émilie de Havoë...

Mais surtout Geneviève qui, depuis son retour à Parisis, n'avait pas voulu un seul instant dormir calme dans son tombeau !

Il se jeta dans les bras de Violette et lui dit dans un cri de passion :

— Ah ! comme je t'aime !

VIII

Les pas nocturnes de la Statue

Peu à peu le sommeil prit Octave. Violette avait quitté déjà deux fois le piano pour venir l'embrasser; mais il l'avait suppliée de jouer toujours.

Quand elle vit qu'il dormait, elle fit silence, non pas brusquement pour ne pas le réveiller, elle finit l'air commencé, mais en effleurant à peine les touches du piano.

Elle vint doucement s'asseoir auprès d'Octave.

Il dormait du sommeil de la fièvre.

— Geneviève ! dit-il tout à coup.

Il leva la tête et il ouvrit les yeux.

— Ah! c'est toi, dit-il en reconnaissant Violette.

Elle vit bien qu'il venait de voir Geneviève en songe. Elle voulut changer ses idées en prenant une physionomie souriante.

— Monsieur mon mari, nous allons nous coucher. Et cette fois vous dormirez avec moi.

— Oui, ma Violette adorée.

Elle sonna sa femme de chambre, qui prit une des deux lampes du salon, pour marcher en avant.

— Non, dit le duc de Parisis au haut de l'escalier, je ne me coucherai pas avec toi, ma chère Violette. J'ai encore la fièvre, j'aurais peur de te la donner.

Violette insista, mais Octave, après l'avoir embrassée, alla droit à son lit.

Violette le regardait s'éloigner avec inquiétude; il se retourna et lui dit :

— J'irai te voir.

Dès qu'il se fut couché, il lui vint la pensée de prier Dieu comme à la veille d'un malheur.

— Allons donc, s'écria-t-il, je ne suis digne ni de Dieu, ni du Diable!

Il appuya son front sur l'oreiller comme pour retrouver le sommeil.

Il pensa à Violette qu'il n'avait jamais tant aimée ; il pensa que peut-être il touchait au rivage inespiré du bonheur... Mais la fièvre le dévorait.

Il ne pouvait s'endormir ; il crut que c'était la lumière qui lui rouvrait les yeux : il éteignit ses deux bougies.

Mais le sommeil ne vint pas.

Peu à peu, il entendit s'évanouir tous les bruits du château ; au bout d'une heure, tout le monde dormait, même Violette qui voulait veiller.

Octave se croyait dans le silence de la mort, quand tout à coup il entendit comme la veille un bruit de pas sous lui.

Il écouta bien, il mit la tête hors du lit, il se pencha sur le tapis.

On marchait dans le petit salon.

— Et pourtant, dit-il, il n'y a là personne !

Il se reprit :

— Personne ! si ce n'est Geneviève !

Il chercha des allumettes, il n'en trouva point.

Il faisait clair de lune, il souleva le rideau pour n'être pas dans la nuit noire. Il vit courir les nuages et pensa que ses oreilles l'avaient trompé.

Il écouta. On marchait toujours sous lui, un pas grave, mesuré, terrible comme le pas de la mort.

Il voulut s'enhardir comme pour défier l'esprit des ténèbres.

— Des contes d'enfants ! dit-il. Si j'entends des pas, ce n'est pas Geneviève qui marche, c'est un vivant.

Il avait toujours un revolver sur sa table de nuit, vieille habitude de son voyage en Amérique et de sa campagne en Chine.

Il prit ce revolver, il ouvrit sa porte et il marcha vers l'escalier, décidé à descendre dans le petit salon.

Une forme blanche se dessina devant lui. Il fit un pas en arrière avec un sentiment d'effroi, comme s'il reconnût que c'était Geneviève qui venait lui rendre visite.

IX

L'adieu

Mais la douce voix de Violette vint tinter dans son cœur.
— C'est toi, Octave, où vas-tu donc ?
— Et toi ?
— J'allais chez toi.
Un silence.
— Et moi aussi j'allais chez toi.
Violette s'avança au-devant son mari et l'entraîna. Parisis cacha son pistolet.
— Comme tu as froid, lui dit-il encore en se couchant à côté de Violette.
— Tu es fou ! c'est parce que tu as la fièvre. Tu ne te rappelles donc pas qu'autrefois tu

me faisais un éloge de la fraîcheur de mes bras nus ?

Après un silence, Parisis qui avait voulu cacher ses angoisses à Violette, lui raconta que depuis la veille il était obsédé par l'image de Geneviève.

— C'est au point, lui dit-il, que tout à l'heure, je croyais l'entendre marcher dans le petit salon. Déjà la nuit dernière j'avais entendu des pas.

— Oui, c'est comme mes hallucinations de l'autre hiver, dit Violette. On passe cela à une femme, mais à un homme !

— Il n'y a pas de bravoure qui tienne contre les visions. Mais ne parlons plus de cela.

Octave sembla regretter d'avoir ouvert son cœur à Violette. Pourquoi la troubler dans sa quiétude ? Seulement il lui dit que le lendemain il ferait transporter la statue de Geneviève dans la bibliothèque, car il lui était impossible de s'habituer à rire devant ce marbre qui répandait dans le petit salon les réverbérations du tombeau.

Violette embrassa Parisis comme pour lui dire qu'il avait raison.

Elle s'endormit presque heureuse de cette bonne idée, car elle-même ne traversait le petit salon qu'avec un profond sentiment de tristesse.

Pourquoi, dès qu'elle fut endormie, le duc de Parisis se leva-t-il ?

Etait-ce pour retourner dans sa chambre ?

Ou plutôt voulait-il une bonne fois avoir raison de ce bruit surnaturel qui le troublait si étrangement ?

Sans doute il ne retourna pas dans sa chambre.

Il était deux heures et demie.

Une jeune domestique, revenant d'un rendez-vous nocturne, entendit Parisis qui descendait lentement l'escalier.

Cette fille vit briller le revolver à la main d'Octave.

Il s'arrêtait pour écouter, puis il descendait encore, puis il écoutait toujours.

Il disparut.

Quelques minutes après, cette fille entendit une détonation. Elle eut peur et se sauva dans sa chambre.

X

Don Juan de Parisis

Cette détonation réveilla Violette.

Elle étendit la main comme pour saisir Parisis.

— Octave ! Octave !

Elle se jeta hors du lit, elle se couvrit d'une pelisse, elle courut vers l'escalier au risque de se heurter.

Une fois à la rampe, elle se laissa pour ainsi dire rouler jusqu'en bas.

— Octave ! Octave ! criait-elle toujours.

Elle ne doutait pas que le coup de pistolet ne fût venu du petit salon. Ce n'était qu'un pressentiment, mais elle voyait juste.

Elle voulut avancer, mais le souvenir de la statue l'arrêta tout court.

Elle pensa au bruit de pas qui avait effrayé Octave.

Cette détonation ne prouvait-elle pas qu'il avait tiré sur quelqu'un?

Elle avança encore.

Cette fois elle était à la porte du petit salon et la porte était ouverte, mais elle n'osa franchir le seuil.

Il lui semblait d'ailleurs qu'elle était retenue par une force invisible.

Elle avança la tête.

Sous le rayon de la lune, elle vit la statue.

Et Octave? Il n'était donc pas là? Que s'était-il passé?

Elle voulait crier ; elle n'avait plus de voix.

Ce fut alors que la jeune domestique, qui avait vu descendre le duc de Parisis, arriva près d'elle avec une bougie allumée.

— Entrez, lui dit Violette.

Cette fille entra.

Tout à coup elle poussa un cri et elle tomba en éteignant sa lumière.

Elle avait trébuché contre le corps du duc de Parisis.

Cependant, les gens du château arrivaient de divers côtés.

— N'entrez pas ! dit Violette.

Elle entra. Elle vit un horrible spectacle.

Octave était renversé devant la statue, bouche béante, yeux ouverts. Il semblait qu'il eût été foudroyé.

Il tenait son révolver d'une main crispée.

Pourquoi avait-il tiré ?

Il n'avait plus sans doute la conscience des choses visibles et invisibles. Peut-être s'était-il imaginé voir venir à lui la statue, peut-être le coup était-il parti sans qu'il le voulût.

Le plus étrange de tout ceci, c'est que la balle qui avait frappé le sein de la statue, — la marque était bien visible, — était revenue sur Octave et l'avait atteint à la tempe.

Violette toute éperdue agitait les bras et se tordait les mains.

Elle s'agenouilla et se pencha sur Octave.

— O mon Dieu ! dit-elle en éclatant dans son désespoir, je suis donc maudite dans mon bonheur comme dans mon malheur.

Elle appela Parisis de cette voix si douce et si pénétrante qu'il aimait tant.

Peut-être son cœur tressaillit-il encore, mais il ne remua pas les lèvres pour répondre.

Et qu'eût-il dit, d'ailleurs, sinon ce mot de la légende :

L'amour des Parisis donne la mort,
L'amour donne la mort aux Parisis.

FIN

POST-FACE

1ᵉʳ juillet 1870.

Ceci est le tome XII et dernier de la série d'histoires parisiennes qui ont pour titres : *les Grandes Dames*, — *les Parisiennes*, — *les Courtisanes du monde*.

Ce douzième volume porte en sous-titre : *Comment finissent les passions*. On voit qu'elles finissent mal ; mais La Rochefoucauld oserait dire que tout finit mal ici-bas, même l'homme de bien, même la femme de vertu. La vie est une épreuve terrible. Dieu y a mis les roses, les chansons et les sourires ; mais il a imposé à l'homme et à la femme l'esprit du mal, condamnant l'humanité à n'arriver à lui qu'après avoir toujours combattu.

Les passions finissent mal, mais elles finissent aussi par le repentir : le repentir visible ou caché. Elles finissent toutes par les larmes et la désespérance. Quand vous reconnaissez une pauvre âme en peine, qui s'est détachée de tout pour l'amour, ne vous indignez pas si elle porte à jamais la vengeance humaine ou divine. L'amour est toujours le fruit défendu qui déchire les lèvres.

Voyez passer une à une toutes les figures amoureuses de l'antiquité, du moyen âge, de la renaissance et d'aujourd'hui : Ne traînent-elles pas avec elles le cortége des misères humaines : le crime, la honte, la ruine, le désespoir, la mort?

* *

On m'a accusé de prêcher l'expansion et de peindre les pécheresses avec un sentiment trop sympathique. J'ai montré la médaille et le revers : Plus la médaille est belle, plus le revers est horrible. Les passions commencent dans le rayonnement et finissent dans les ténèbres. Pas une des héroïnes de ce livre qui ne soit frappée en plein cœur. Je ne parle ni de Geneviève ni de Colombe, la vertu dans l'amour. Quelques-unes gardent plus longtemps le sourire des fêtes et font encore bonne figure, mais elles ne perdront rien pour attendre. Le Jugement Dernier viendra pour elles, non pas au jour de la mort, mais au dernier jour de la jeunesse.

* *

Je te remercie, ami lecteur — lectrice ennemie — de m'avoir suivi dans mes pérégrinations à travers les mœurs contemporaines. Douze volumes! douze stations! douze *mea culpa* * !

La critique m'a reproché d'avoir peint trop de

---

* Je remercie aussi la critique française et étrangère : mon ami Roqueplan, que la mort nous a pris dans sa jeunesse remontante; Paul de Saint-Victor, cette voix d'or, Theophile Gautier; cette plume qui peint; Henry de Pène qui, à Paris, à Bruxelles, à Pétersbourg, a présenté mes héroïnes dans le meilleur monde. Et tant d'autres d'excellents esprits — et tant d'amis inconnus qui ont enrichi mes autographes, et tant d'ennemis opiniâtres qui ont travaillé à mon succès.

figures. Si je n'avais conté que les passions de Parisis et des vraies femmes qui l'ont aimé, le lecteur ne se fut pas si souvent impatienté de voir l'action primitive coupée à chaque page par des chapitres épisodiques. Mais j'avais l'ambition de représenter tout un monde dans cette comédie parisienne à cent et un personnages, sans compter les comparses.

Mon livre n'est pas un roman. C'est l'histoire intime de tout un monde qui a trop couru les aventures périlleuses de la passion et du luxe.

Qui donc a créé ce monde nouveau ? C'est l'argent, ce dominateur terrible ; c'est le drame et le roman de Dumas, de Musset, de Balzac, de Sue et de Sand. On a lâché la bride à toutes les imaginations, on a joué les airs variés du scepticisme devant Dieu, devant le mariage, devant la vertu. Et toutes les âmes romanesques se sont précipitées dans les aventures les plus inouïes. Ç'a été le sauve-qui-peut du Devoir. Il n'est resté à la maison, dans les régions mondaines, parmi les grandes dames à la mode, que la mère de famille qui veillait sur un berceau. On eût dit une épidémie. Mais cette crise sociale a passé vite ; aujourd'hui déjà, la femme relève son front parce que l'esprit divin de la vertu l'a reconquise.

C'est donc cette période d'affolées que j'ai voulu peindre, sans m'indigner comme Juvénal, sans vouloir amuser les libertins comme Crébillon le Gai. C'est encore être historien que d'étudier les mœurs intimes d'une nation. Le philosophe et le moraliste retrouvent l'esprit humain dans la vie privée aussi bien que dans la vie publique. Peindre la femme en ses métamorphoses, en ses aspirations, en ses chutes, en ses repentirs, c'est un tableau qui a tenté tous les maîtres. Comme le théâtre le roman est l'école des mœurs.

*
* *

Après la Grande Dame, la Parisienne ; après la Parisienne, la Courtisane du Monde.

La courtisane du monde ! c'est une coquette qui a

découpé à jour son éventail et mal noué sa ceinture. Elle voit comment on travaille dans le demi-monde et au-dessous. Elle se donne, elle se vend, elle se multiplie. Elle est dans toutes les avenues du pouvoir. C'est elle qui a dit ce beau mot : « L'amour, c'est l'argent des autres. »

Elle reste dans le monde; il lui arrive bien, çà et là, de faire une excursion sur le sable mouvant du demi-monde, soit par le train express d'un enlèvement, soit par le train mixte de la séparation de corps. Mais elle revient bientôt dans son pays natal, avec la nostalgie de la considération.

La courtisane du monde veut tout avoir : la considération et le plaisir. Elle veut faire la part de Dieu et la part du diable. Elle veut courir les bonnes œuvres et jeter son bonnet par-dessus les moulins.

On la voit partout : à la messe, à la cour, à l'ambassade, au bal de l'Opéra, aux amusements de Bade, aux chassé-croisés de Trouville, aux cabinets très particuliers du Café Anglais et du Moulin-Rouge.

Mais quoi qu'elle fasse, elle porte toujours l'armure de la vertu, croyant tromper son monde, mais sachant bien que l'armure est en carton.

La société étrangère a jeté dans le monde beaucoup de femmes qui n'étaient pas du monde; mais une fois qu'elles y ont pris pied, elles s'y tiennent. A qui n'est-il pas arrivé de rencontrer une de ces femmes que l'œil parisien, qui vaut bien l'œil américain, juge du premier regard? — Pourquoi sont-elles là ? — On regarde les voisines et on se dit : — Pourquoi n'y seraient-elles pas ?

Et quand on voit dans un salon cette galerie de belles femmes toutes enuagées de gaze comme si elles tombaient ailes déployées du pays des anges, on s'imagine volontiers qu'elles n'ont pas traversé le péché originel. On leur donnerait le bon Dieu sans confession. (Mais si quelques-unes se confessaient !) Combien qui cachent dans les plis de leur robe l'histoire de leur roman. Il en est bien peu, dans l'escadron volant, qui n'aient eu leur quart d'heure de folie, sans parler de celles qui vivent ouvertement dans le péché et du péché. Certes, la vertu est encore de ce monde, elle berce ses enfants et joue du piano; elle va faire un tour à la cuisine après avoir fait un tour au bois; elle répand un parfum familial dans toute la maison, mais plus d'une avoue qu'elle s'ennuie, parce que la femme est née pour être chassée du Paradis et pour reconquérir le ciel, parce que Dieu seul tient le pardon dans ses mains, parce que sa miséricorde est une source vive. La miséricorde des hommes n'a qu'une larme; il n'y a pas de quoi laver un péché mortel.

*
* *

Toutes les pécheresses passent peu à peu des joies violentes de l'amour aux joies mélancoliques du repentir. Pas une fille perdue qui ne s'attache à l'homme qui, par un pieux mensonge, lui prouve qu'il croit en elle et qu'elle se retrouvera dans la vertu. La pécheresse commence à se repentir dans l'amour des hommes, même quand elle ne finit point par l'amour de Dieu.

Je ne prêche pas comme le Père Hyacinthe, mais je prêche aussi. Le roman est un miroir que le philosophe promène le long du chemin. Faut-il insister beaucoup pour prouver que toute femme qui s'est reconnue dans mon miroir, ou que toute femme qui y a reconnu une de ses amies, s'est rejetée avec effroi vers les horizons radieux de la famille.

*
* *

Voyez toutes ces ombres conduites par l'archange au glaive flamboyant, chassées par le vent de la mort vers l'horizon de la vie nouvelle, comme ces sombres nuées qui vont se teindre bientôt des couleurs de l'aurore.

Ces ombres fuyantes, ce sont les pécheresses, celleslà qui ont été vaincues par le mal d'aimer. C'est le jour du Jugement Dernier.

Dieu est assis sur son trône d'azur dans le cercle rayonnant des prophètes, des évangélistes, des saints et des saintes.

Tous les péchés capitaux passent devant lui. Dieu

est sévère à l'Orgueil, à l'Envie, à la Colère, à la Gourmandise, à l'Avarice,

Surtout à l'Avarice.

Dieu a-t-il dit à ses juges : « Soyez indulgents à la Paresse et faites miséricorde à la Luxure » ?

Voyez-vous venir devant la justice divine ces âmes en peine dans la pâleur du repentir avec le doux reflet de l'amour évanoui « comme des colombes appelées par le désir, avec des ailes ouvertes et immobiles, volent dans leurs doux nids à travers l'azur. »

Toutes elles diront comme Francesca de Rimini :
« L'amour qui se prend si vite aux nobles cœurs, l'amour qui ne fait grâce d'aimer à nul être aimé, m'enivra si doucement du bonheur de mon amant, qu'il nous a conduits dans le même abîme. »

Ce que dit Francesca de Rimini, elles le diront toutes, et Violette, et madame d'Entraygues, et madame de Campagnac, et la marquise de Fontaneilles, et la Femme de Neige, et madame de Revilly, et madame d'Argicourt, et la chanoinesse rousse, et Bérangère, et la duchesse de Montefalcone, et Jenny Mac Laën, pareillement toute la cohorte des filles perdues : mademoiselle Phryné, Rebecca, la Charmeuse, Fleur de Pêche et les autres.

Et toutes les ombres des pécheresses seront pardonnées parce qu'un rayon d'amour passe sur elles, parce qu'une larme de Madeleine, une de ces larmes sanctifiées qui ont baigné les blessures du Christ, tombe sur la main de Dieu.

Le Dante est rude aux pécheresses, il s'attendrit sur elles, mais il les loge bien mal dans son *Enfer*.

Dans le cinquième chant, Dante descend du premier cercle dans le second « cercle qui renferme plus de douleur et à moins d'espace. » Des sanglots déchirent son cœur. Il arrive « dans un lieu muet de toute lumière, » qui mugit dans la tempête. L'infernal ouragan entraîne les esprits dans son tourbillon ; il les fustige, il les roule, il les entrechoque. Lorsqu'ils sont au bord du précipice, ils se rappellent leurs chutes, ils crient, ils sanglotent, ils blasphèment. Là sont les pécheurs charnels « qui mettent la raison au dessous du désir. »

Ce dernier volume était imprimé quand éclata l'horrible guerre du Rhin, avec le bruit de la trompette du Jugement Dernier.

C'était un monde qui finissait.

Tous se sont levés comme si tous comprenaient que ce fût l'idée humaine qui fût l'enjeu.

Les personnages de mon livre — des héros de roman, — sont devenus des héros de la bataille; — des héros anonymes, tant ils s'étaient effacés parmi les simples soldats.

Oui, ceux-là qu'on accusait d'avoir abdiqué tout sentiment chevaleresque, ont été les premiers en ligne, Harken, Villeroy, Monjoyeux et les autres.

Monjoyeux seul est revenu.

Tous ont fait vaillamment le sacrifice de leurs jours dorés.

Et ces femmes tant accusées, les grandes dames, les pécheresses, les repenties, elles ont été les premières parmi les sœurs de charité, donnant leurs bijoux quand elles savaient que leur fortune était déjà tombée dans l'abîme profond d'une révolution imprévue par elles.

Violette a été l'ange visible des blessés, de plus en plus purifiée par la Douleur, par la Prière, par le Sacrifice.

Et maintenant CI-GIT un monde qui aura une page unique dans l'histoire.

TABLE DU TOME QUATRIÈME

LIVRE I

LE CHATEAU DE PARISIS

I Le Revenant.................... 3
II Le miracle du cœur............ 8
III Le phaéton et la victoria.......... 12
IV La robe de la mariée............ 22
V Mademoiselle Chonchon......... 31
V La symphonie.................. 41
VI Vierge et Martyre.............. 47

LIVRE II

LA FEMME SACRIFIÉE

I	Madame de Foy et Cᵉ............	59
II	Un de ces messieurs............	66
III	Le mariage d'Antonia..........	78
IV	Comment finissent les prodigues...	85
V	Le bouquet de roses-thé.........	94
VI	La mort d'Antonia.............	103

LIVRE III

L'ESPRIT ET LE CŒUR

I	Les amis d'Octave de Parisis......	117
II	Madame de Champagnac........	138
III	Madame de Montmartel.........	146
IV	L'hôtel du plaisir mesdames......	152
V	Le tribunal de la pénitence.......	156
VI	Mademoiselle Camillet..........	168
VII	La volonté de la morte.........	184
VIII	Les obsessions du tombeau.......	189
IX	Un convive qu'on n'attend pas.....	195
X	La main de marbre............	202
XI	Les fantômes évanouis..........	205

LIVRE IV

LES DÉCADENCES DE Mlle PHRYNÉE

I. Pourquoi les courtisanes n'ont pas d'enfants 213
II. Un amant de cœur 219
III. Un épouseur en queue de poisson. 234
IV. L'amant de la fille et l'amant de la mère 243
V. Dettes de jeu et dette de cœur.... 253
VI. La peine du talion 266
VII. Parfum de vertu au seuil de la courtisane 281
VIII. Le voleur et la mort 288
IX. La pendule qui marque les heures d'amour 302

LIVRE V

LA STATUE DE GENEVIÈVE

I. Le cygne noir 309
II. Pourquoi Parisis laissa-t-il tomber l'anneau nuptial? 311
III. Les deux femmes de marbre...... 318

IV.	Le lit nuptial....................	322
V.	Athée et visionnaire..............	327
VI.	Les affres de la mort.............	331
VI.	La robe rouge et la robe blanche..	336
VII.	Le chapelet des souvenirs.........	342
VIII.	Le pas nocturnes de la statue....	346
IX.	L'adieu	350
X.	Don Juan de Parisis...............	353
Post-face..................................		357

FIN DE LA TABLE

www.ingramcontent.com/pod-product-compliance
Lightning Source LLC
Chambersburg PA
CBHW050252170426
43202CB00011B/1650